LE GRADE DE COMPAGNON

et sa symbolique

Pierre Dangle

LE GRADE DE COMPAGNON

et sa symbolique

MdV
Éditeur

Pour toute correspondance avec l'auteur
écrire à :
Pierre Dangle
MdV Éditeur
16, boulevard Saint-Germain
75005 Paris

infos-livres-nouveautés :
www.mdv-editeur.fr

ISBN : 978-2-35599-347-3

Illustration de couverture : dessin tiré des Cahiers Villard de Honnecourt, XIIIe siècle.

Introduction

L'IMPORTANCE DU GRADE DE COMPAGNON SUR LE CHEMIN INITIATIQUE

Le grade de Compagnon sur le chemin initiatique est essentiel. Il a cependant été minimisé dans bon nombre de Loges modernes qui en ont occulté les aspects fondamentaux. Une réelle incompréhension existe pour ce grade que beaucoup de francs-maçons considèrent comme un palier de transition entre l'Apprentissage et la Maîtrise, ou comme une solution d'attente, un sas entre deux grades.

C'est pourtant un grade nécessaire à la construction de l'initié qui chemine vers la Maîtrise. Le compagnonnage correspond à cette étape cruciale où le Frère se confronte à la réalité de la vie initiatique par l'entremise de ses lois, de ses nombres, de ses formes vivantes élémentaires à travers l'art du Trait.

Il a ainsi semblé utile d'expliciter la nature et l'importance du grade de Compagnon sur le chemin initiatique. En dépit de profondes lacunes, la franc-maçonnerie a eu le mérite de conserver la tradition d'un accès aux mystères, petits et grands, par la voie des grades. Les deux premiers d'entre eux étant issus de l'ancienne tradition des métiers de bâtisseurs, remontant à l'Égypte ancienne, ces deux grades correspondant à la découverte des petits mystères qui, pour l'essentiel, sont liés à la découverte des lois de création. Le grade d'Apprenti aborde les principes du métier. Le Frère Apprenti découvre le monde vital des symboles et s'intègre à la Loge en expérimentant la pensée ternaire, le service et le don. Puis, l'Apprenti est initié au grade de Compagnon[1], qui établit la cohérence entre l'esprit et la main, les intentions et les réalisations.

Il ne faut pas enfermer le grade dans son volet technique, noble par ailleurs, mais le laisser révéler sa nature. L'initiation se met à nu et se révèle pour les Compagnons, elle montre vers quoi elle mène. Le Compagnon n'est pas un technicien, mais il développe un savoir-faire. Il explore le mystère du temple par la pratique du métier.

Le métier forme un être fort afin qu'il puisse entrer dans le flux permanent de la vie et ainsi la servir. Il construit un Frère en capacité d'intégrer une puissance de vie, de l'incarner et de l'animer. Il le prépare

1. Après une période de sept ans minimum, conformément aux Anciens Devoirs, pratique fort peu respectée aujourd'hui, au détriment de l'Apprenti, qui ne reçoit pas la formation nécessaire.

à une métamorphose cruciale pour devenir de la nature de la Vie. Le grade de Compagnon est en soi un accomplissement, un aboutissement de la vie artisanale, un vécu des petits mystères.

Si le Compagnon comprend ce qu'est le chef-d'œuvre, il s'associera à l'Œuvre et deviendra partie intégrante de son feu pour aller au-delà. Construire est son devoir, il doit en prendre conscience. Tout se construit, la conscience, la sensibilité, la fraternité. Si l'on considère que l'initiation consiste à œuvrer pour prolonger l'œuvre du Principe et que, son nom de Grand Architecte de l'Univers, il en a conçu les plans, le grade de Compagnon est celui où se découvrent ces plans dans leur formulation géométrique la plus pure : la Pierre cubique, les polyèdres et les lois de construction de l'Univers. Lors de l'initiation au grade de Compagnon, le Frère contemple ce trésor et la possibilité réelle de formuler le secret par la réalisation d'œuvres. S'il s'y adonne avec cœur, il deviendra un artisan de la lumière.

Le voyage demeure une composante essentielle du grade de Compagnon. Le Frère a été équipé de la Force pour œuvrer avec efficacité, de la magie du rite permettant de surmonter les obstacles et de la connaissance des Nombres et proportions. Il peut entreprendre une recherche enrichissante sur les symboles du grade comme le niveau, l'étoile flamboyante ou la géométrie sacrée.

Le grade de Compagnon annonce une rupture. En effet, pour accéder au mythe de création, le Frère n'a pas d'autre choix que d'accomplir son destin qui le conduira à affronter le Maître. À cet égard, l'opéra *Don Giovanni* de Mozart[1] est fort instructif. Le héros, personnification du Compagnon accompli, montre ses conquêtes, ses œuvres. Il augmente son « catalogue » afin de relever le défi que lui oppose l'invisible, personnifié par le Commandeur. Ses multiples rencontres ne doivent rien au hasard. Elles construisent sa personne selon la rigueur implacable des polyèdres, ces figures géométriques qui retracent dans leur pureté les lois créatrices du cosmos. Elles le mèneront à rencontrer le Commandeur. Il devra alors répondre à son invitation, une dernière épreuve, la plus périlleuse, qui le conduira ou non vers d'autres chemins de l'initiation.

Le grade de Compagnon est un « entre deux ». L'initiation apparaît alors dans une phase de stabilisation qui prépare à un au-delà sans aucune mesure avec ce que le Compagnon a pu découvrir. Il devra prendre pour guide l'esprit de l'œuvre pour développer les sens qui l'équipent afin de devenir un être

---

1. Opéra en deux actes, K 527.

irremplaçable capable d'affronter avec un cœur ferme l'inconnu.

Dans cet ouvrage, nous aborderons les chemins que parcourt le Compagnon tout au long de sa vie initiatique. Nécessaires à sa construction et à son éveil en conscience, ces chemins sont autant de portes de connaissances qui lui sont proposées pour accomplir son destin. Les vivre pleinement consiste à devenir de leur nature, à les faire siens pour être en capacité d'accomplir le dernier voyage vers la porte de la chambre du Milieu.

Chapitre premier

LE CHEMIN DU NIVEAU

Parmi les chemins du Compagnon, commencer par le niveau procède du bon sens et de la sagesse puisqu'il est le symbole du grade de Compagnon et du Premier Surveillant chargé de diriger la chambre du Trait[1]. Avant d'aborder le chemin du niveau, reprenons le parcours du Frère.

Pour l'Apprenti, le chemin fut long. Au moins sept années, selon les Anciens Devoirs, pour s'intégrer à la Loge, apprendre la langue des symboles et se constituer une droiture, grâce à la perpendiculaire. Elle lui a permis de descendre au plus profond de la terre et d'y découvrir les racines du ciel, et de monter au plus haut des cieux pour savoir qu'il est nécessaire d'incarner la tradition initiatique en la formulant.

Qui sont les Compagnons ? Des êtres de voyage qui sont passés de la perpendiculaire au niveau afin de dévoiler la création dans l'espace. Si le viatique

---

1. La chambre du Trait est le lieu du temple où se réunissent les Compagnons pour étudier l'art du Trait. Cf. le n°74 de la collection Les Symboles Maçonniques, voir en fin d'ouvrage *(NdÉ)*.

de l'Apprenti, on pourrait dire son amulette, est la perpendiculaire, celui du Compagnon est le niveau. En passant de l'un à l'autre, le Compagnon sera-t-il vraiment au niveau de l'art du Trait et de la Divine Proportion[1] ?

LE DÉVOILEMENT DU NIVEAU

En chambre du Trait, le niveau se dévoile rituellement pour le Compagnon. Ce dévoilement amorce la mise en mouvement du Frère selon « l'horizontalité » qu'il manifeste. Elle associe étroitement les notions, vitales pour le grade, d'étendue, d'amplitude et d'élargissement.

Du niveau

En tant qu'outil, le niveau sert à niveler. Les bâtisseurs l'utilisent afin de s'assurer qu'à chaque étape de la construction, la cohérence de l'édifice est assurée de ses fondations jusqu'au faîte. À chaque nouvelle assise, l'enjeu est d'assurer la continuité de la stabilité de la construction.

---

1. Pour une étude de la Divine Proportion, cf. le n°35 de la collection Les Symboles Maçonniques, voir en fin d'ouvrage *(NdÉ)*.

Le nivellement réussi d'un sol ou d'une assise d'un monument se traduit dans la langue des anciens Égyptiens par un terme précis : *nefer*. Il contient les notions de perfection, d'accomplissement, de revitalisation permanente. Autrement dit, une œuvre accomplie, mais non sclérosée, en état de perpétuelle régénération, chemin vers les grands mystères, ceux d'Osiris, l'être perpétuellement régénéré *(nefer)*.

En tant que symbole, le niveau conduit à découvrir et pratiquer la cohérence entre le tracé et la construction du temple. Le Compagnon doit accroître son savoir, parcourir l'espace du temple en quête de connaissance. Nous y reviendrons. Le niveau est le symbole de la formulation. Pour le Compagnon, formuler signifie bâtir. C'est là que le symbole et l'outil se rejoignent dans le niveau.

Bâtir selon le niveau

D'après les outils des bâtisseurs égyptiens, la perpendiculaire et le niveau ont un élément en commun : un vase de pierre ayant la forme du cœur pour peson. Un vase destiné à accueillir l'énergie de la Règle[1].

1. Pour les bâtisseurs, la Règle réunit les concepts d'ordre, d'harmonie, de justesse et d'amour créateur.

Fig. 1

Le Maître d'œuvre désigne le niveau à l'œuvrant.
En suivant le chemin du niveau, le bâtisseur
élèvera la demeure pour accueillir le divin.
(Cathédrale de Bourges)

Elle emplira le cœur de l'être afin qu'elle irrigue son corps et lui procure la force d'œuvrer.

En hiéroglyphes, le mot niveau[1] est lié aux termes de « cou », lien et passage entre la tête et le reste du corps, et à « gorge[2] », par où l'air vital circule. Avec le niveau s'effectue une séparation entre deux états, la conception – la tête – et la réalisation – le reste du corps – sans rupture, mais avec une différenciation nette. Le chemin est de percevoir la cohérence entre les deux afin d'œuvrer en justesse selon la règle de l'art.

Niveau et destinée

Sur les niveaux rituels égyptiens, on trouve une invocation à Ptah, le patron des bâtisseurs, pour qu'il accorde une belle vieillesse et une belle sépulture à celui qui a su manier le niveau. Sa lumière lui aura permis de devenir un esprit lumineux au ciel, doté de puissance, la Force du Compagnon.

1. Niveau a pour racine *khekhe.* 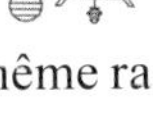

2. Les mots cou et gorge ont la même racine que niveau, *khekhe.*

Élargir le cœur

Le vase de pierre comme peson et le niveau suscitant l'amplitude, l'élargissement, suggèrent pour l'œuvrant que sa participation sera réelle s'il élargit le cœur, c'est-à-dire s'il développe une générosité sans cesse renouvelée. Sa tâche consiste à repousser l'ignorance – non pas chercher à reculer les limites du savoir scientifique ou des idées – mais à agrandir la joie d'un cœur connaissant.

Sur le chantier, ce vase est le cœur à l'ouvrage, et le vécu du grade de Compagnon devrait être la largeur de cœur, autrement dit la joie initiatique, qui s'exprime notamment par le signe rituel du grade[1].

Parcourir l'étendue de la terre sacrée

L'horizontalité du niveau se réfère à l'étendue délimitée par les orients Midi, Septentrion, Orient et Occident. Il est question de trouver la capacité de parcourir l'espace sacré, celui du temple.

Le Septentrion requiert la capacité de recherche, d'interrogation, de volonté d'aller au fond du symbole, d'en saisir et son cœur et son âme.

---

1. Il consiste, les doigts de la main droite sur le cœur comme pour s'en saisir, à effectuer un large geste horizontal de tout le bras vers la droite.

Le Midi exige celle de réalisation, de mise en œuvre, de développement de la puissance de bâtir. Le Compagnon rencontre, avec cet orient, la puissance de la terre sacrée qui donne la force d'édifier.

L'Occident demande l'écoute, le sens du secret par lequel le symbole révèle ce qu'il est et délivre l'enseignement vital qu'il porte. La mutation consistera à mourir à l'illusion afin de naître avec la connaissance.

Quant à l'Orient, il attend le courage et même la témérité, car il est le lieu de la rencontre avec le divin dans son essence de feu. C'est oser présenter son travail à la flamme éternelle. Le travail du Frère, c'est en fait, toute sa personne. Le Compagnon se donne en totalité. Il s'en remet à l'Orient éternel. Concrètement, cela signifiera participer activement à l'œuvre de la Loge. Un jour ou l'autre, il devra affronter ce qui est éternel, lumineux, vivant, et, d'une certaine façon, le destin qu'il a choisi en frappant à la porte du temple.

Apprivoiser l'inconnu

L'étendue que manifeste le niveau est aussi celle de l'inconnu. L'aptitude au voyage se concrétise dans l'aventure. Le Compagnon accroît son envergure en dirigeant ses pas là où personne ne s'est risqué avant lui. Il fait sienne la parole de H. Hesse : « Sur les chemins sans dangers, on n'envoie que les faibles. » Le temple est toujours à construire, à embellir, c'est-à-dire agir pour lui apporter les formulations qui l'élèvent toujours plus haut vers le ciel.

Arpenter les contrées divines

Le chemin du niveau consiste à rencontrer les divinités en explorant les contrées où elles règnent. Le niveau étend le champ d'exploration jusqu'aux limites extrêmes qui touchent les domaines de l'au-delà, du divin. Pour le compagnonnage, le terme le plus adéquat pour nommer ces régions est l'invisible. Le grade impose au Compagnon de s'aventurer dans les confins de la terre sacrée où vivent les puissances créatrices et organisatrices de tous les mondes. Les lois de construction, qu'il découvre avec la Pierre cubique[1], ne sont pas seulement des méthodes ou des procédés pour bâtir. Elles sont des êtres vivants. Elles assument des fonctions. Elles conduisent vers l'invisible, le secret par nature. Le Compagnon explorera ainsi leur lieu de résidence, prenant conscience de leur réalité intemporelle au moyen de leur être, de leur place, de leur fonction et de leur hiérarchie.

---

1. Cf. les n°10 et 35 de la collection Les Symboles Maçonniques, voir en fin d'ouvrage *(NdÉ)*.

Fig. 2

Les bras étendus, Thot, le dieu de la Connaissance, montre le secret de la vie du chantier : élargir le cœur jusqu'aux limites du ciel en respectant la règle des bâtisseurs qu'incarne le dieu.
(Karnak, Égypte D.R.)

Le Compagnon enjambe les limites dans le sens où il a besoin de se nourrir de pierres célestes. Il doit trouver la puissance de se lancer dans un monde inconnu où tout diffère de ce qu'il a pu expérimenter.

Sur le chantier

Comment le Compagnon s'élargit-il, sur le chantier, aux dimensions du temple ? En incarnant le geste du dieu Thot[1]. Sur les parois des temples égyptiens, il est parfois figuré les bras étendus à l'horizontale, tendant une longue étoffe. Par ce geste, il donne la mesure du temple qui servira à le bâtir[2]. Le visage du dieu, « Celui qui trouve », sert d'axe et de peson. Son bras droit est celui de l'Orient, qui conduit au feu de la transmutation, avec tous les risques qu'elle implique. Cet aspect de la mise à niveau exige rigueur, exclusion du mensonge et de la lâcheté pour s'intégrer à l'œuvre. Son bras gauche est l'Occident, qui exige de franchir la frontière entre le visible et l'invisible.

C'est par la connaissance des formules rituelles[3] et leur mise en pratique au cours du voyage à l'intérieur de la Pierre – symbole des formes secrètes de l'uni-

1. Thot est le dieu de la Connaissance.
2. Cette mesure, la coudée, est celle de ses bras étendus.
3. Dans la langue de l'Égypte ancienne, elles se nommaient : les formules de transformation en lumière *(sakhou)*.

vers représentées notamment par les polyèdres – que le Compagnon pourra se déployer en suivant le chemin du niveau.

Sur le chantier, le Compagnon se trouve confronté à une autre question : comment peut-il se déployer en déployant l'œuvre selon le plan tracé par le Maître ? Précisément en maniant le niveau et en vérifiant le travail accompli, assise par assise. Et voici le cœur du chemin : l'assise. Rien n'est moins statique qu'une assise, car elle est le canal par où circule l'énergie d'un monument. Il ne faut pas confondre égalité et nivellement. Aucune assise n'est identique aux autres, mais leur diversité ne doit pas nuire à la cohérence de l'édifice.

La Règle elle-même, la mère des bâtisseurs, a une éternelle assise[1].

Grâce à l'art du Trait, le Compagnon peut en comprendre la portée, lui qui est appelé à niveler les assises de l'édifice et à façonner sa propre assise en fonction de cette Règle.

Détentrice des Nombres, elle laisse deviner un autre chemin du Compagnon, celui du Nombre.

---

1. La déesse Maât, incarnation de la Règle, est représentée sur un socle, autre représentation de la Règle, cette fois comme support de toute édification sacrée.

Chapitre 2

LE CHEMIN DU NOMBRE

L'aura que conserve le Nombre repose malencontreusement sur les disciplines scientifiques. Elles ont déformé outrageusement le regard porté sur lui en en faisant un objet mathématique. Le Nombre est sujet. Il est l'acteur obligé pour percevoir, et plus encore, vivre le mystère de la vie dans sa pureté première. Une nouvelle disposition d'esprit est à reconquérir. Elle passe par la place du Nombre dans le mythe de création.

LE NOMBRE, SA PLACE DANS LE MYTHE

Pour situer la place du Nombre et son action « au commencement » comme disent les textes, les auteurs citent souvent Nicomaque de Gérase[1] : « Le Chaos primitif, manquant d'ordre et de forme, et de tout ce qui différencie suivant les catégories de la qualité,

1. Nicomaque de Gérase, dit « le pythagoricien », vécut au Ier siècle avant J.-C.

de la quantité, etc., fut organisé et ordonné d'après le Nombre[1]. » L'ambiguïté porte sur « le Chaos primitif » et l'apparition quasi spontanée du Nombre, faisant de lui une entité venue ex nihilo. Pour la lever, nous devons revenir à la source égyptienne du mythe de création d'où est tirée cette phrase[2] du savant pythagoricien. « Le Chaos primitif » désigne le Noun, vocable symbolisant toutes les potentialités de vie. Il est représenté sous forme d'une immensité liquide, un océan sans rive. Il s'écrit avec deux lignes brisées figurant les ondes de l'énergie primordiale et la spirale qui prend place entre elles . Cet océan originel est symbolisé aussi par un dieu, le Noun. En tant que divinité, il est exclu qu'il puisse être atteint par le désordre. Toutes les divinités, disent les textes égyptiens, sont vides de désordre. Nicomaque, volontairement ou non, commet dans son propos un contresens. Dans cette étendue liquide aux limites inatteignables et aux profondeurs insondables, le principe créateur dénommé Atoum – Celui qui est et qui n'est pas – prend forme et devient le Complet – le Tout – celui qui se réalise par l'acte de bâtir. Atoum

1. Cité par Matila Ghyka, *Le Nombre d'Or,* Paris, 1959, note 1 p. 21.
2. Les liens entre pythagoriciens – néo-pythagoriciens – et l'Égypte sont bien établis, cf. M. Ghyka, dans son ouvrage *Le Nombre d'Or.*

est alors l'Unique d'où adviendra toute création harmonieuse. Sans chercher à introduire une temporalité, c'est à l'instant où Atoum devient l'Unique, stable sur la butte issue du Noun, qu'il devient Un, autrement dit le Nombre. Ce sera des mutations du Un[1] engendrant les nombres que l'œuvre surgira, porteuse de toutes les œuvres à naître[2]. Quant au Noun, il reste toujours lui-même. Il n'est en rien une menace pour l'œuvre. Il demeure la source d'où tout provient. Le Noun n'est pas le paradigme d'un quelconque désordre. Lorsque Atoum devient Un, naît l'amour qui suscite sa volonté créatrice. Symbole de l'unité, il pourra la développer selon l'harmonie en déployant tout l'ordonnancement dont le Un est le symbole.

Par nature, le Nombre est ainsi lié au divin et à la cause céleste. Il réunit, sans aucun assujettissement temporel ou spatial, l'amour créateur et la manière dont cet amour se manifeste dans les œuvres.

Par conséquent, le Nombre se place à un moment charnière où le principe devenant lui-même – complet et équipé – s'emploie à se manifester par l'acte

---

1. *Atoum* prend alors de nom de *Khépri, Celui des transformations.*
2. Exposé très résumé du mythe ; le lecteur en trouvera une étude fouillée dans l'ouvrage de Suzanne Bickel, *La Cosmogonie égyptienne avant le Nouvel Empire,* Fribourg-Göttingen, 1994.

créateur. Les textes des sages[1] d'Égypte permettent de percevoir que le Nombre ne vient pas d'un « ailleurs » afin d'exclure le désordre. Le Nombre est un outil utilisé par le principe créateur – le dieu Atoum – afin de mettre en acte l'harmonie. Cela permet de dire que le Nombre est unitaire, en ce sens qu'il émane de la divinité créatrice ; et il est multiple, en ce sens qu'il est la clé de la diversité, célébrant la magnificence et la floraison.

NOMBRE, CHIFFRE

Selon la science du dieu égyptien de la connaissance, Thot, tout a un nombre. Ce nombre est l'essence de l'être ; avec lui on ne compte pas, comme avec les chiffres, mais c'est l'essentiel qui compte.

Pour approcher le nombre de plus près, considérons comment l'Égypte le concevait dans son écriture sacrée, les hiéroglyphes. Nous retiendrons deux mots. Le premier, *tchenou*,  se compose de l'entrave utilisée pour maintenir les bestiaux en place, suivie du signe de l'onde représentation de la vibration énergétique originelle que nous avons rencontrée

1. Textes qui sont d'authentiques rituels, c'est-à-dire les transcriptions d'instants de connaissance, étrangers à toutes explications discursives chères à notre époque.

dans la composition du vocable *noun*. L'ensemble est déterminé par l'envol d'un oiseau. *Tchenou*, nombre, signifie aussi « distinction ». Il vient du verbe *tcheni*  signifiant « élever, promouvoir, être distingué, remarquable, distinguer de, soulever, exhausser, faire une différence[1] ». Le nombre contient les notions de distinguer, d'élever, par conséquent de sortir au jour ce qui est caché par nature. En ce sens, compter le nombre prend alors le sens premier de reconnaître, faire la distinction entre différentes qualités immanentes, et de les manifester dans la composition d'une œuvre. À cet égard, la graphie du mot est très parlante. Avec l'entrave, il s'agit de se saisir de l'énergie, d'exercer une mise en place, afin de révéler l'une de ses fonctions spécifiques, utile pour édifier l'œuvre[2].

Le second, *ipet*,  composé sur la racine *ip* signifiant « compter, dénombrer, désigner, assigner, examiner[3] », se compose du roseau fleuri, incarnation de l'épanouissement de la vie surgissant du marais primordial – autre représentation du Noun – et de la pierre de forme cubique contenant l'idée de support solide et sûr. Le roseau, matériau à usages multiples[4], sert aussi à désigner le dieu Thot, ainsi qu'à écrire le

---

1. D. Meeks, *Années lexicographiques,* 77.4929 et 79.3478.
2. Résultat que symbolise l'envol de l'oiseau.
3. *An. lexi :* 77.0238 ; 77.0237 ; 78.0274. 79.0170.
4. Fabrication des sandales, vannerie, etc.

verbe « dire, énoncer » ou le mot « parole ». Dans cette autre manière de concevoir le nombre, ce dernier se présente comme indispensable pour élaborer une parole juste, fidèle à l'œuvre divine et obéissant aux lois d'harmonie rappelées, dans cette graphie, par la pierre.

Le chiffre correspond à une pratique comptable pour quantifier des objets qui relèvent d'une même catégorie. C'est ainsi qu'avec le chiffre un plus un font deux. Avec les nombres, il en va tout autrement. Nous avons vu que le multiple vient du Un. Le nombre Un est seul. Additionner Un et Un relève de l'ineptie. Pourtant, Deux est bien un nombre. Certes, mais il n'est pas l'addition de Un avec lui-même. Le Un se démembre pour devenir perceptible en Deux, Trois, Quatre, etc. Chacun de ces nombres symbolise une mutation du Un en ses parties. Chaque nombre reflète une partition de l'unité de façon à transmettre un éclairage particulier du passage du Un au multiple, autrement dit de la création – dans son unité intangible – à sa manifestation en mille et une expressions.

Ainsi, chaque nombre préside à des formes qui permettent de les reconnaître et sont source d'un ordre, d'une dynamique, d'une puissance, d'un rythme qui leur est propre. Le chiffre, lui, s'adonne uniquement à la quantité et à ses divers modes d'évaluation[1].

Le nombre Cinq, chemin privilégié du Compagnon

La démarche initiatique se fonde sur les grades d'Apprenti, Compagnon, Maître. Pour chacun d'eux, un nombre spécifique. Il recèle la quintessence du grade. Le nombre dévolu au grade de Compagnon est le Cinq. Une manière de parcourir le chemin du Nombre consistera à vivre le nombre Cinq. Fort de ce premier parcours, le Compagnon pourra poursuivre sa quête sur le chemin du Nombre.

Le Cinq, nombre du Compagnon, est aussi celui de Thot[2], et toutes ses dimensions façonnent le chemin à suivre. De quoi se compose-t-il ?

À l'instar du bec de l'ibis de Thot[3] qui ne pique pas au hasard pour se nourrir, l'intelligence du Compagnon ne peut pas se contenter de rechercher

---

1. Pour bien saisir l'enseignement des nombres, en particulier comment chacun d'eux est une mutation de l'unité, il convient d'étudier et de méditer les polygones réguliers. Chacun est le hiéroglyphe d'un nombre. On trouvera une bonne approche dans l'ouvrage de Ghyka déjà cité.
2. En effet, les textes, comme ceux d'Hermopolis, qualifient Thot de Grand des Cinq.
3. Deux animaux symbolisent Thot : l'ibis et le babouin.

dans toutes les directions : elle doit trouver. Mais que trouver ?

Savoir et techniques sont indispensables, sans former des buts définitifs. Inscrit dans le secret de la Pierre cubique[1], le chemin du Compagnon mène à une vision de l'univers en perpétuelle mutation, selon une loi immuable.

Par le chemin du Cinq, il est possible de passer de l'humain à l'Homme cosmique, en construisant l'initié en même temps que le temple. Car le rôle majeur du Compagnon, selon le nombre Cinq, est d'être associé à cette construction sous le regard et selon les directives des Maîtres.

Aussi le chemin du Nombre se révèle-t-il particulièrement rude. Le voyageur découvre qu'il est fort peu de chose en comparaison du voyage et que la connaissance du nombre de son grade exige une rigueur, un engagement et un travail qu'il ne soupçonnait pas. Travailler avec le nombre Cinq ne laisse aucune place à l'individu. Ce dernier s'efface pour laisser grandir le Frère. En découvrant son nombre,

1. Nous aurons l'occasion de revenir sur ce symbole du grade de Compagnon. Disons ici que la Pierre cubique contient tous les nombres et les met en œuvre pour dévoiler la création dans l'espace.

le Compagnon doit se montrer digne de lui. Et cette dignité a un support obligé : l'art du Trait[1].

Le chemin du Nombre et le compagnonnage

Pour vivre le chemin du Nombre, le Compagnon est toujours en quête. Il recherche l'éternel, va au fond des choses, approfondit pour que la construction élevée sur des bases solides soit stable et, en même temps, corresponde à la vision du cœur de la Loge. Le mental est insuffisant pour aller dans le mystère où résident le Nombre et son agir secret.

En découvrant le Nombre à la fois comme science et métier, le Compagnon se construit en une personne apte à transmettre la lumière de l'œuvre dans une parole vivante.

Cependant, la méthode se doit d'être rigoureuse, car le danger guette chaque pas du Compagnon. Comment trouverait-il le Nombre s'il s'égarait dans l'impasse des calculs ? Comment le Nombre reconnaîtrait-il le Compagnon si ce dernier ne s'inscrivait pas dans la mesure de la Règle[2] ?

---

1. Le Trait recouvre la connaissance des nombres, du tracé, de la géométrie sacrée et de l'art de bâtir.
2. La Règle est à percevoir à la fois comme symbole de la juste circulation de l'énergie vitale, réceptacle des lois de l'art de bâtir et comme outil de bâtisseur.

Le chemin du Nombre passe par des étapes précises que sont les corps platoniciens[1], qui mettent fin à l'errance de l'individu et lui dévoilent le voyage de la création de l'univers. À la différence de l'humain, le Nombre ne varie pas. Il est une borne immuable, mais une borne qui se déplace, en fonction de la capacité de regard de celui qui parcourt son chemin.

La découverte de son nombre

En parcourant le chemin du Nombre, le Compagnon acquiert son nombre, c'est-à-dire qu'il est distingué comme œuvrant. Il n'y en aura jamais d'autre de semblable à lui. Il est comme les nombres par rapport à l'unité. Il est l'un d'entre eux. Dans la confrérie qui est une, il a sa place, sa distinction, son rôle à remplir et il en est aussi membre à part entière concourant à son unité.

---

1. À savoir les polyèdres suivants : tétraèdre, octaèdre, hexaèdre, dodécaèdre et icosaèdre. Cf. le n°35 de la collection Les Symboles Maçonniques, voir en fin d'ouvrage *(NdÉ)*.

Fig. 3

Le Sphinx pose l'énigme du Nombre : « Qu'est-ce qui est Quatre le matin, Deux le midi, et Trois le soir ? » La découvrir consiste à percevoir le chemin de la destinée. Du Quatre, nombre de l'assise d'où naît toute édification, il se poursuit par le Deux ou art de manier les opposés complémentaires, pour atteindre le Trois, porte de la vie en éternité.
(Michael Maïer, *Atalante fugitive*, 1617)

Connaître son nombre permet d'ouvrir un chemin et d'assumer la réalité de son être, quelles que soient les fluctuations de l'existence. Le nombre commun à tous les Frères appartenant à une loge initiatique, c'est l'initiation. Elle oriente leur vie et lui donne un sens, celui de la création en esprit.

Par le Cinq, deux chemins se dessinent, différents et indissociables : le chemin éternel des bâtisseurs et le chemin original et inédit de chaque Compagnon. Le choc est souvent, voire toujours, brutal. Car l'individu Compagnon veut imprimer sa marque à la Règle qui ne comporte que des nombres d'éternité et pas le chiffre d'une existence passagère.

Lorsque le Compagnon parvient à connaître son nombre propre, à en utiliser les vertus et à le mettre en harmonie avec le Nombre, un nouveau chemin s'ouvre à lui : celui de la coudée.

Chapitre 3

LE CHEMIN DE LA COUDÉE

La coudée est l'un des enseignements majeurs de Thot. Avec elle, le dieu tutélaire des Compagnons donne à toute chose la mesure. Il mesure tout : l'univers, les mondes, notre monde. Il mesure le temps, aussi, et notamment, le cycle lunaire ; il mesure encore l'espace avec l'arpentage. En somme, « la coudée de Thot est le fondement de toute mesure et de toute organisation[1] ». Son but : mettre notre monde en conformité avec la Règle, à laquelle s'est conformé le Principe lui-même en créant.

OUTIL DE BÂTISSEURS

La coudée en tant que concept

La coudée est un outil de bâtisseurs. Comme le dieu, les Compagnons se servent de la coudée pour que les matériaux servent à une construction vivante.

1. An. 1, 9, 2, et G. Posener, *Thot le dieu écrivain*, Annuaire du Collège de France, Paris, 1963, p. 302.

Fig. 4

La coudée réunit en elle, d'un seul trait, tous les arpents pour bâtir la demeure céleste. Elle est aussi la dépositaire du mythe de création qui apprend à connaître leurs origines célestes. La coudée offre le chemin pour les tracer sur terre afin qu'elle devienne comme le ciel.
(Musée de Turin)

Elle est ce qui donne à toute chose sa juste mesure dans un ensemble cohérent. En effet, il ne saurait y avoir de construction sans agencement géométrique des parties qui la constituent, sans une architecture qui lui donne stabilité.

Sur le chantier

Le Maître d'Œuvre utilise la coudée pour formuler le plan qu'il perçoit dans l'invisible et qui permet à la Loge de donner corps à la volonté du Principe créateur. Aussi bien en Égypte ancienne qu'au Moyen Âge, la coudée varie en fonction de la coudée physique et spirituelle de chaque Maître d'Œuvre et c'est pourquoi elle est symbolisée par l'avant-bras du constructeur. Chaque Vénérable Maître incarnant l'esprit de la Loge qu'il dirige, a son génie propre et sa propre manière de faire vivre la coudée royale[1].

Les Nombres

Du plus élevé au plus concret, la mesure originelle témoigne de la présence divine agissant dans le secret de la construction. Son mode d'action est celui des Nombres – qui ne sont pas des chiffres mais des puissances fécondatrices qui donnent vie à la matière. C'est la coudée, clé unitaire de l'œuvre, qui

1. Que l'on estime généralement à 0,52 m.

les ordonne pour que, grâce à elle, s'élève une œuvre déployant l'harmonie. Son action est cachée mais l'œuvre tout entière témoigne de sa présence, au-delà de tout calcul.

L'arpentage

L'œuvre de réalisation tangible, suivant les nombres, commence par l'arpentage. Or, le modèle de mesure de la terre sacrée est donné, lui aussi, par Thot, sous sa forme d'ibis. Le pas régulier de cet oiseau correspond à la coudée royale. En se déplaçant dans l'espace, il inscrit au sol l'étalon de mesure des nombres agissant dans l'œuvre. Ainsi se trouve imprimée, à la base même de l'édifice, la grille de référence de la construction sur terre, mesure qui régulera la marche de l'élévation dans toutes ses dimensions. À partir de cet arpentage divin, l'immatériel prend corps dans une forme qui le révèle sans le trahir. Aux Compagnons d'intégrer la mesure divine dans leur être et d'accorder leur pas à son rythme pour agir en résonance avec la coudée de l'œuvre.

L'ŒUVRE DE LA LOGE

Devenir une pierre vivante de l'œuvre

« Suivant de Thot », comme il est nommé en Égypte ancienne, le Compagnon non seulement peut, mais doit emprunter le chemin qui mène vers la connaissance de la coudée. Si l'Apprenti a appris à pratiquer la langue des symboles, le Compagnon est un homme d'action et, pour agir, il s'ouvre la voie qui le mènera à bâtir en esprit et par l'esprit. Il utilise la langue sacrée pour construire selon la coudée et s'intégrer à l'œuvre en tant que pierre vivante, expression de la Pierre cubique dont il a parcouru l'intérieur pour vivre le Nombre de son grade.

Le métier

On a dit de la coudée qu'elle était le « bras agissant du Principe. » Essentiellement dynamique, sa connaissance est, en effet, le but d'un chemin de Connaissance. Le désir et, pour un Compagnon, la nécessité de la connaître déclenchent une quête. La pratique du métier commence par le passage de la puissance à l'acte en déterminant la mesure de toute chose, sur tous les plans. Un Compagnon apprend à mesurer, à proportionner, connaissances indispensables pour atteindre l'exactitude et la précision caractérisant l'œuvre de Maât, déesse de la justesse.

C'est pourquoi la perception du plan est si importante pour le Compagnon dont l'action est semblable à une pierre de l'édifice. Pour la tailler, il doit se régler sur le plan d'œuvre. Le travail d'un Compagnon ne vise-t-il pas au chef-d'œuvre ?

Une pierre parfaitement taillée connaît sa place et sa fonction ; ensuite, elle témoigne d'une maîtrise du métier ; enfin, réalisée dans un esprit de don, elle est apportée à l'œuvre qu'elle veut servir. En langue hiéroglyphique, le signe principal du terme désignant la coudée, *meh*, est le signe de l'avant-bras, symbole de l'action. Dans son tracé même, ce signe exprime ces trois aspects par ses trois composantes : l'angle de l'articulation du coude, rencontre de deux puissances de même nature et, donc, source d'énergie ; la longueur de l'avant-bras, développement de la puissance ; la main, support de l'offrande.

L'œil

Le terme *meh* signifie aussi « remplir », « compléter », évoquant la recomposition et le remplissage par Thot de l'œil oudjat, autre nom de l'œil d'Horus, lequel a été, dit le mythe, blessé et divisé par Seth. Le chemin de la coudée passe, pour un Compagnon, par le développement de la capacité de vision, d'un œil capable de voir à la fois le tout et la partie pour en découvrir les rapports qui les relient. C'est cet œil qui rassemble entre elles les parties pour en faire un corps unique, vivant à la fois une harmonie et une dynamique vitale.

La perception de la coudée

Le Compagnon agit suivant la coudée lorsqu'il se demande ce qu'il peut faire pour que le tracé soit complet. Sur le chantier, la coudée ne se réduit pas à un instrument de mesure. En Égypte ancienne, elle comporte, notamment – et outre la division en paumes, doigts, et pouces –, l'ensemble des provinces terrestres, incarnation des provinces célestes. Cette correspondance conduit à expérimenter une vision géométrique du cosmos et, à travers elle, à le déchiffrer selon un système de proportions utilisé pour bâtir un pays à l'image d'un temple de nature cosmique. Dans son travail sur le chantier, en assemblant des matériaux, un Compagnon a toujours présente à l'esprit la clé d'assemblage qui réunit non seulement les matériaux mais également les mondes entre eux. Ainsi, le chemin de la coudée est celui de la découverte, à travers la coudée concrète, de la coudée invisible du créateur. Un Compagnon doit l'appréhender car elle conditionne tous les aspects de l'édifice témoignant sur terre de l'harmonie du ciel. Le temple, qui en sera l'expression visible, révélera le secret sans le trahir.

Passer du rationnel à l'irrationnel

En suivant le chemin de la coudée, le Compagnon passe de l'explicable et du rationnel à la pensée du Grand Architecte. Comment s'effectue ce passage ? D'abord, par la contemplation de la coudée – visible et invisible – lors des rituels et à travers la Règle ; ensuite, par son utilisation lors de la perception des lois immuables de création que symbolisent les polyèdres.

En voyageant au cœur de la Pierre cubique qui les porte en son sein, un Compagnon voyage dans le mystère de la création. En la Pierre et par la Pierre se révèlent les rapports et proportions qui sous-tendent le monde. Mais ces connaissances de l'architecture secrète de l'univers doivent être révélées, et c'est pourquoi le chemin de la coudée lui fait devoir de les mettre en pratique à travers son service de l'œuvre – d'une part pour que l'œuvre prenne forme et, d'autre part, pour que le chemin se poursuive. En les appliquant en conscience, en suivant le chemin de la bonne mesure, celle qui fait vivre la résonance de l'œuvre construite avec le ciel, il découvre que les modalités de création du Principe, toujours nouvelles, répondent à cette constante secrète de l'œuvre que la tradition nomme « coudée. »

Cadre de ce passage

Dans la vie d'un Compagnon, la coudée comporte deux expressions immédiates : une expression abstraite et une expression concrète. La coudée abstraite situe tous les éléments découlant du plan d'œuvre donnant l'architecture de la lumière dans l'œuvre ; la coudée concrète, les éléments propres à la vie matérielle. La perception de la première est nécessaire pour travailler avec la seconde.

Mais toutes deux naissent de la coudée royale. C'est la coudée royale qui mesure la pierre que travaille le Compagnon sous toutes ses formes. Le Compagnon, en effet, se confronte à la parole qu'a prononcée la Lumière et qui implante les piliers, trois visibles en permanence et le quatrième[1] présent lors de la célébration des Grands mystères.

Il convient de noter que, sur la coudée des Ancêtres, figurent également les divinités, puissances créatrices réparties selon les orients. Sur ce chemin, le Compagnon les découvre une à une, de sorte qu'elles puissent s'exprimer à travers sa main et son action. En ce cas, il devient capable de tracer un monde issu de la grille du Maître d'Œuvre.

---

1. Qui est, en fait, le premier d'où naissent les trois autres.

Où et comment « voir » la coudée

Un Compagnon peut-il voir la coudée royale dans le monde symbolique qui est celui de la Loge ? La question renvoie les Compagnons à leur capacité de percevoir l'esprit dans toutes les formes du Verbe. La plupart passent à côté du chemin de la coudée, sans même l'apercevoir, parce qu'elle n'apparaît qu'à travers des facettes si lumineuses qu'elles deviennent aveuglantes. Seul un œil d'aigle peut contempler en face la lumière de la coudée. Il convient, pourtant, que le Compagnon découvre la pierre de l'aigle afin d'acquérir cette vision et déceler la présence de la coudée. En participant à l'œuvre qui se réalise sur le chantier, le regard change. La pratique de l'art du Trait construit l'œil du cœur qui, à l'image de l'œil d'Horus dont on tirait les nombres, les poids et les mesures, perçoit la réalité secrète dans son architecture géométrique. Elle lui est donc accessible pour autant qu'il considère la coudée comme clé de la construction du temple.

Conséquences de la vision de la coudée

Le chemin du Compagnon qui a acquis cette capacité de vision traversera les espaces du ciel et de la terre. Son regard agrandit le champ des possibles et englobe la totalité des dimensions du temple.

La tâche, il est vrai, est particulièrement difficile, puisque la coudée a disparu de nos sociétés, remplacée par la technologie. Mais elle est toujours présente dans les rites initiatiques.

Bien la connaître exige de mettre ses pas dans ceux de la géométrie sacrée.

Chapitre 4

LE CHEMIN DE LA GÉOMÉTRIE SACRÉE

L'ORIENT DU TRAIT EST CELUI DE LA CRÉATION

Avec l'art du Trait, une loge initiatique peut inscrire l'immatériel dans une forme qui le révèle sans le trahir en rendant présente la Lumière créatrice par l'expression du Verbe. Il est l'art de l'arpentage et de la géométrie sacrée.

En pratiquant l'art du Trait, les bâtisseurs servent le Trait dans toute sa puissance. Son tracé met en œuvre la lumière perçue pour la manifester. Il contient la lumière venue de l'Orient et la met en acte.

La géométrie[1] était pour les anciens une réalité d'ordre divin à tel point que le dieu-Terre Geb était le père des divinités, celui qui rendait leurs actions efficaces et préservait l'héritage de la création originelle. Par conséquent, l'expression « géométrie sacrée » implique une vision qui fait de notre milieu vital, la terre, une expression du divin et le support

1. Dont l'étymologie signifie : mesurer la terre.

sur lequel une Loge peut construire des temples afin d'y accueillir les puissances créatrices et de célébrer les rites qui relient à la vie en esprit. Le chemin de la géométrie sacrée consiste à trouver comment mener les actes des bâtisseurs afin que l'œuvre rayonne.

Art de la formulation

La géométrie tient une place considérable, pour ne pas dire obligée, afin de passer du divin à sa manifestation sur une terre sacralisée. Pour déterminer la mesure du temple divin, il est indispensable de manier les Nombres, les rapports, la proportion et la dynamique créatrice. La géométrie, en tant que science sacrée, rassemble tout cet équipement.

De la méthode

La géométrie procède aussi de la méthode. Cette dernière repose sur le devoir pour la Loge de faire comme les dieux ont fait au commencement. Que ce soit l'art de bâtir ou ceux de la musique, de la peinture, de la sculpture, tous se fondent sur la géométrie sacrée qui constitue, en quelque sorte, la grammaire de la langue des dieux. Elle répond au besoin d'exprimer, dans un matériau d'éternité, les lois et principes fondateurs de la création. La géométrie sacrée est le langage utilisé par la Lumière pour façonner la création. Elle est une science du Verbe.

Fig. 5

À l'exact opposé de l'acception du mot, le labyrinthe se révèle comme le plus parfait symbole du chemin de la géométrie sacrée. Il conduit le chercheur de Lumière au cœur du mystère, infailliblement.
(Chartres, labyrinthe)

Géométrie et lieu sacré

La géométrie commence par l'arpentage de l'emplacement du futur temple en percevant l'ordonnancement de la construction et la puissance de sa lumière. Par une visée sur les étoiles, on peut, comme les Anciens firent, délimiter et orienter l'espace du temple à construire. Avec la mesure de la terre ainsi sacralisée, le Compagnon, peut grâce à l'écoute des rituels de la chambre du Trait, observer le ciel et percevoir la réalité du tracé terrestre. La géométrie sacrée saisit toute la réalité du ciel pour la transcrire dans des œuvres que le cœur peut entendre.

En parcourant le chemin de la géométrie sacrée, le Compagnon prend conscience que la terre, devenue céleste par le rituel, sert de support à l'accomplissement des mystères. À ce moment-là de la construction, il s'agit de s'intégrer aux lignes de forces qui animent le dieu-Terre et de vivre la Lumière. Le Compagnon vivra alors le Nombre de son grade qui lui enseigne le passage de l'homme individu à l'Homme univers.

LE COMPAGNON, UN ÊTRE GÉOMÉTRIQUE

La géométrie sacrée est un moyen de formuler le divin pour bâtir. Sur ce chemin, il est question de percevoir la vie en travaillant la géométrie sacrée afin de servir l'œuvre. Le chemin de la géométrie sacrée amène à développer deux aspects complémentaires : les capacités de perception du cœur et celles de réponses techniques. Il conduit à mieux se conformer à l'ordre de l'œuvre, et celle-ci met en ordre le Frère.

Cette « mise en ordre » fait apparaître son génie propre, non pas dans une perspective individuelle, mais pour participer réellement à l'œuvre. Le Compagnon doit apprendre à arpenter l'espace sacré qu'est le temple, de l'Orient à l'Occident, du Midi au Septentrion, c'est-à-dire à mesurer cette terre pour prendre conscience de l'étendue de la création. En transformant ses intentions en pensées justes, le Compagnon pourra rentrer dans la dynamique de l'œuvre.

La géométrie sacrée trace le Compagnon de façon qu'il devienne une terre féconde. Devenir un être géométrique signifie devenir un nouvel élément intégré au langage de la géométrie. Sur le chantier, avec la Règle, il sait comment agir pour donner à l'œuvre la force et l'harmonie qui feront passer à la vie en éternité.

Fig. 6

Le chemin de la géométrie sacrée serait inutile s'il ne conduisait pas à la concrétisation de l'œuvre. Du tracé au sol, le Compagnon sait en retirer les lignes de force afin de bâtir l'œuvre conçue dans le cœur du Maître.
(Bourges, cathédrale)

Le Compagnon devient l'outil qui fait corps avec l'œuvre, c'est ainsi qu'il vivra pour toujours et à jamais. Elle fait de lui une personne entièrement animée de l'amour du sacré car toute sa personne s'accorde par le Nombre et les rapports à l'acte de bâtir.

Par la vision du carré long, de la spirale, en accomplissant son signe d'ordre, en voyageant à l'intérieur de la Pierre cubique, en rencontrant la lumière de l'étoile, en arpentant et en traçant en justesse, le Compagnon intégrera les lois de création de l'univers.

L'amour du chantier

L'amour du Compagnon pour la création se manifeste par sa manière d'être et la qualité de son travail. Alors la nature du Compagnon devient à l'image de celle de l'art du Trait et une mutation vitale s'accomplit par son devenir géométrique.

Il doit saisir les lois de création, aller au cœur des choses et combattre l'ignorance pour donner un chef-d'œuvre digne de la chambre du Trait. Se révèle alors le véritable chemin de la géométrie sacrée : une construction en beauté et en justesse, ce que les bâtisseurs de l'Égypte ancienne ont réussi à formuler et à transmettre avec le symbole de la pyramide, première forme primordiale et essentielle de l'Œuvre.

Voyager selon la géométrie sacrée

En voyageant de la pierre à l'étoile et de l'étoile à la pierre, le Compagnon découvre le chemin de la géométrie sacrée qui est formulation du Verbe. Il doit le vivre, le respirer et se nourrir de lui afin de devenir un authentique bâtisseur dont l'œuvre a besoin pour sortir au jour. Ce chemin géométrique éveille le Compagnon à la sensibilité, suscite des prises de conscience et enseigne que les choses ne sont pas figées. Il fait découvrir les rapports harmonieux qui unissent entre eux les éléments de la création.

Le chemin de la géométrie sacrée n'a pas de cœur au sens humain du terme. Le Compagnon, s'il veut accéder aux grands mystères, doit se détacher de ses défauts comme de ses qualités. La fonction « géomètre » de l'initié est décapante. Elle lui enlève la susceptibilité, l'apitoiement sur lui-même, les turbulences affectives et lui offre le vécu d'une terre nourricière d'où jaillit un feu, celui du pilier Force.

Chapitre 5

LE CHEMIN DE LA FORCE

Le mot « force » vient du bas latin *fortia*, « acte de force ou de courage ». Ses déclinaisons sont nombreuses, de la force de caractère, à la détermination, en passant par le courage et la volonté jusqu'à la force brute qui détruit ou force les choses. Ce terme englobe ainsi beaucoup de notions pouvant en masquer la compréhension, d'autant plus que la force est également perçue comme une énergie, une puissance de vie, autant de termes qui amènent à des approches différentes.

Cette force surnaturelle qui entretient la vie peut être perçue comme l'énergie créatrice présente en toute chose et qui demeure invisible tant qu'elle n'est pas révélée par un support. Mais le Compagnon ayant pour devoir de pratiquer la « parole qui modèle la matière », se doit de manifester cette force. Il doit mettre ainsi en œuvre une formulation juste qui révèle l'esprit dans la matière.

Fig. 7

La Force puise sa puissance de deux feux. Celui de l'agneau, feu de la Première Fois, du jaillissement ; celui du lion, feu rayonnant et vigilant. Elle intègre aussi le bâtisseur qui consacre sa vie à faire don de ses forces à l'œuvre qui s'accomplit.
(Cathédrale de Ferrare, Italie)

Sur le chantier, la Force se révèle comme une qualité initiatique que le Compagnon doit faire sienne. Il passe ainsi de la puissance à l'acte par la formulation. Formuler, c'est nommer les choses en vérité, nommer leur réalité intemporelle, traduire le message de l'inconnaissable et rendre réel ce qu'il formule sans trahir son origine lumineuse.

QU'EST-CE QUE LA FORCE POUR LE COMPAGNON ?

Elle est de nature spirituelle et s'éprouve par le cœur. La formulation de la force spirituelle se trouve dans les monuments et les textes sacrés, dans la musique, dans la peinture, dans toute forme d'expression artisanale[1].

Certains êtres y sont sensibles dès la naissance, d'autres le deviennent par leur environnement ou leur travail. Le chemin du Compagnon passe par le développement de la force spirituelle à travers l'éveil et la construction de la sensibilité initiatique. Il doit la ressentir par le cœur afin de la pratiquer lui-même.

1. C'est-à-dire fondée sur le métier.

Cette force se trouve au cœur de la Pierre[1]. C'est pourquoi cette dernière est une clé essentielle du chemin de la force : elle lui donne une réalité sensible. La force, en effet, est à la fois matérielle et spirituelle, l'une ne va pas sans l'autre. À cet égard, rappelons que l'étude d'un symbole commence par le plus concret. Cette approche est susceptible de conduire vers les plus hautes élévations spirituelles. De ces hauteurs, il faut savoir redescendre pour témoigner en formulant.

LE PILIER FORCE ET LE COMPAGNON

Relié au pilier Force, le Compagnon se trouve, en réalité, face à la notion de puissance initiatique. L'essentiel, c'est la communion avec cette puissance, de manière qu'elle le nourrisse et le fasse croître.

Du pilier Force, le Compagnon découvre celui de la Sagesse qui conçoit et de l'Harmonie[2] qui accomplit, tous trois disposés selon l'angle de rectitude. Le chemin de la force se construit en gardant présent à l'esprit la Sagesse et l'Harmonie dans laquelle les œuvres du Compagnon doivent s'inscrire.

---

1. De la Pierre cubique dont nous développerons le chemin au chapitre 7. La Pierre cubique appartient aux symboles fondamentaux du Compagnonnage.
2. Nommé souvent Beauté.

Trouver la force est indispensable pour le Compagnon. C'est à partir d'elle que s'amorce le tracé de l'étoile qui lui enseigne toute l'étendue du Trait. Il devra s'appuyer sur elle pour développer le tracé qui, du carré long – réservoir de lumière céleste – croîtra par métamorphoses successives pour connaître les plans du ciel. On peut ainsi discerner le chemin de la Force au moyen de la connaissance de ce pilier.

Le pilier Force est la clé pour pénétrer en chambre du Trait car il en est pour ainsi dire le mot de passe. En ce lieu, la Force se présente comme une architecture vivante qui transmet un feu capable de dynamiser toutes les volontés à condition qu'elles aient comme intention la seule construction de la demeure divine.

LA FORCE ET LE PREMIER SURVEILLANT

Pour connaître le pilier Force, le Compagnon doit s'appuyer sur le Premier Surveillant. C'est en effet cet office qui est en lien direct avec lui. Il fait entendre les paroles rituelles qui caractérisent le pilier et le conduit à découvrir et pratiquer l'art du Trait afin qu'il lui donne la force de participer à l'œuvre communautaire avec un cœur ferme et robuste.

La relation du Premier Surveillant avec la Force engage le Compagnon à travailler. Sur le plan initiatique, travailler signifiera à la fois développer une puissance à œuvrer obtenue par la maxime compagnonnique « ce que tu fais, te fait » et signifiera aussi, servir l'œuvre, celle qui engendre le nourrissement de celui qui édifie par le jeu de la réciprocité.

Le travail est à la fois la puissance d'œuvrer et le résultat de l'œuvrant. Le Compagnon se trouvera ainsi nourri par le travail qu'il produit et par l'œuvre qui sort de ses mains. Le travail lui procure alors la Force dont il a besoin. C'est par lui que le chemin de la Force sera parcouru.

LA FORCE DU COMPAGNON ET L'OPÉRA DON GIOVANNI DE MOZART

Le Compagnon ne peut pas être un tiède. Il recherche l'ampleur, l'envergure, le tonus, la puissance dans l'agir. Tel Don Giovanni[1], il émane de lui une force qui semble capable de renverser tous les obstacles. Même s'il fait des erreurs, il avance, ce qui ne manque pas de susciter certaines réactions. Don Giovanni incarne l'un des aspects de la force du Compagnon : l'expérimentation. Elle est au cœur de sa quête, c'est un souffle à nul autre pareil.

1. Rôle titre de l'opéra en 2 actes de W. A. Mozart, *Don Giovanni*.

Une dispersion de la force du Compagnon se manifeste à travers les sollicitations diverses de Don Giovanni : femmes, fêtes, plaisirs ; mais le « passage en force » pour assouvir ses besoins de puissance ne peut rester sans conséquence. Aura-t-il la force d'assister au banquet du Commandeur ? Pour partager le repas constitué de nourritures célestes, il faut avoir rassemblé énergie et courage, s'être renforcé en quelque sorte en profondeur et gravité afin d'accomplir son destin initiatique.

Concentration, rigueur, persévérance, fidélité fondent la force du Compagnon. Ces qualités-là se trouvent sur son chemin. À lui de les éveiller, de les entretenir et de les développer. L'art du Trait nécessite l'utilisation de la force, pas la force brute, mais celle de l'esprit qui ne recule devant rien.

LE COURAGE DU COMPAGNON

Le courage est une qualité essentielle au grade de Compagnon, nécessaire pour se centrer sur l'initiation plus que sur la vie profane, se dépasser pour accomplir cette « force, forte de toute force » dont parle Hermès Trismégiste[1].

---

1. Formule employée dans la *Table d'Émeraude,* ouvrage attribué à Hermès Trismégiste.

Le Compagnon doit exercer cette qualité rare qu'est le courage. Il est un lien entre les multiples forces de l'âme et procure chance et bonne fortune. Sur le chemin initiatique, quelles que soient les vicissitudes de l'existence, ce courage-là est inébranlable.

Étant donné qu'il dispose du nombre de Frère et qu'il pratique la géométrie sacrée, le Compagnon connaît le processus dynamique de la puissance créatrice qui se déploie à chaque instant. Le Compagnon aura-t-il la force d'exercer une puissance qui sera créatrice ? Non, s'il se contente d'une technique, d'un savoir, d'une habileté mentale ; oui, s'il devient une pierre du temple, un être vivant au-delà de l'existence et de la mort.

Quelle est la nature de la Force qu'offre le temple au Compagnon ?

La force qu'offre le temple est le *ka*[1], la puissance immortelle qui habite un être façonné par les rites initiatiques. Le *ka* est révélé par ces rites et se fixe dans le Compagnon dont le cœur devient à l'image de la Pierre cubique. Alors se forme une vraie sensibilité qui ne relève plus de l'émotion et du sentiment, et nourrit une force capable de tout affronter. Elle

1. Le *ka* désigne en Égypte ancienne l'énergie vitale présente en toutes choses.

permet de combattre les puissances négatives et de développer une puissance constructrice au service du temple et de son édification. Par elle, le Compagnon accède au statut d'œuvrant et entre en contact avec un *ka* impersonnel qui lui ouvrira le chemin menant aux grands mystères.

Suivre le chemin de la Force, c'est incarner une force qui n'est pas de ce monde. Un chemin qui consiste pour le Compagnon à quérir une puissance que les Anciens égyptiens nommaient le *khepesch*. Le dieu qui en était le détenteur était le dieu Seth, ennemi d'Osiris qu'il finira par assassiner. Or, cette puissance est indispensable pour donner à toute construction sa vitalité et sa pérennité. C'est elle qui est responsable de l'animation du cosmos. Dans le ciel, son symbole est la Grande Ourse. Une fois maîtrisée, elle assure pour toujours le mouvement harmonieux de l'œuvre céleste. Ainsi, le chemin de la Force conduit le Compagnon à une rencontre des plus redoutables, mais impossible à éviter, car elle détient la force pour bâtir en éternité. C'est à un voyage céleste que le chemin de la Force conduit le Compagnon.

Fig. 8

En devenant symbole de la Force, les Compagnons soutiennent le trône royal sans faillir, pour toujours et à jamais.
(Bari San Nicola, Italie)

L'utilisation de la Force par le Compagnon

Dans sa quête du chef-d'œuvre, le Compagnon est confronté à la réalité de la force non canalisée, qui n'a pas sa place sur le chantier. Travailler en force n'est pas imposer mais se laisser guider par la force pour que l'amour dont elle est porteuse se manifeste dans l'Œuvre. Il faut pour cela l'aborder avec respect et humilité pour que le Compagnon, habité par son énergie, formule en justesse. Le Compagnon ne doit pas cesser de chercher et de formuler cette force porteuse de lumière, reliée à l'Orient du Trait. L'Œuvre ainsi rayonnante, pleine de la force transmise par le ciel, deviendra alors un support de formulation de la Lumière.

Suivre le chemin de la force pour un Compagnon c'est canaliser, structurer cette force, la rassembler lors de ses voyages pour la mettre au service de l'œuvre. Lors de l'illumination du pilier Force, certains rituels rappellent que toutes les forces de la Loge seront consacrées aux travaux. La force est donc une énergie, une puissance qui permet de dépasser l'aspect premier des choses. La Force anime et se révèle par l'art du Trait. Elle vit à travers les formes construites selon les lois de l'architecture sacrée.

Le profane croit au hasard, à la chance et aux circonstances. Pour l'initié, et surtout pour le Compagnon qui connaît la Pierre cubique, à savoir les lois intangibles de la création, ces illusions sont dissipées. Sa vie n'est plus soumise à l'air du temps et se bâtit en fonction de la divine proportion. Ce qui est fort, c'est ce qui doit être fait ; et ce qui doit être fait doit être bien fait.

Alors seulement, le Compagnon sera en mesure de suivre le chemin de la magie.

Chapitre 6

LE CHEMIN DE LA MAGIE

« Magie » est, aujourd'hui, un terme totalement dévalué. Le magicien n'est qu'un saltimbanque qui effectue des tours de passe-passe pour amuser un public. Pourtant, dans les civilisations anciennes et particulièrement en Égypte, la magie était considérée comme une science, indispensable pour gouverner un État et assurer un lien nécessaire entre l'humanité et les puissances créatrices.

MAGIE ET INITIATION

Dans l'Antiquité, mage[1] était le nom donné aux prêtres perses, l'actuel Iran. On lui attribuait un pouvoir surnaturel, notamment celui de parler aux divinités et d'agir sur les choses.

---

1. L'art du magicien se dit en grec *mageia* (μαγεία), qui a donné en français le mot *magie*, en passant par le latin *magus*, mage, *magos* en grec.

Fig. 9

Le personnage à la poupe de la barque solaire personnifie la magie. Son nom figure au-dessus de sa tête. Il s'écrit de droite à gauche. Il se compose du signe de la corde tressée – le Verbe – suivi des bras levés du *ka*, la puissance créatrice. L'ensemble se lit *h(ou)-ka* : magie. Le chemin de la magie ? Naviguer avec le Maître de la Lumière. (Tombe de Ramsès Ier, Vallée des Rois, Égypte, D.R.)

Cependant, nous trouverons dans la langue hiéroglyphique de l'Égypte ancienne plus d'informations quant à la signification profonde du mot magie.

Avec une réelle perspicacité, les égyptologues ont reconnu dans le mot *heka*, la magie. Le *heka* associe dans son écriture deux concepts vitaux : le Verbe *(hou)* et la puissance créatrice *(ka)*[1]. Avec le *heka* – lire *hou-ka* – il s'agit de pratiquer le Verbe de sorte que la puissance construise[2]. Ainsi perçu, le *heka* répond aux questions : comment capter la force et disposer de son dynamisme afin de construire le temple en construisant le Frère ? Comment entrer dans la dynamique de la Force afin de la placer sur la spirale vertueuse de l'harmonie ? Par la magie, il est possible de passer de la réaction à l'action en agissant comme il a été fait au commencement, à l'instant où la Lumière a créé la vie. Cette magie-là circule dans l'univers et se concrétise dans la Pierre cubique[3] qu'explore le Compagnon. La pratiquer est indispen-

---

1. Dont nous venons de découvrir au chapitre précédent, qu'il est un des noms de la Force.

2. Voir figure 9. Selon l'égyptologue Marc Étienne, certains textes religieux décomposent le mot *heka* en « ce qui stimule (rendu par *he*) le *ka* ». In *Heka, Musée du Louvre,* Paris, 2000, p. 15.

3. Symbole phare du grade de Compagnon, elle constituera le chemin suivant.

sable si la Loge désire bâtir le temple et parcourir le chemin de l'initiation.

Sans la magie des rites, la plus essentielle, société et individu sont faibles, exposés aux fluctuations du destin ; avec elle, ils ne subissent plus, mais œuvrent en utilisant des forces d'assemblage.

Face aux coups du destin, qui agressent tout individu, le Compagnon dispose d'une arme exceptionnelle, composée de la capacité de formulation de la pensée abstraite – le Verbe, nous y revenons – et d'une force consistant à construire et à se construire.

MAGIE ET COMPAGNON

À la question rituelle : « Qui es-tu ? », le Compagnon répond : « Je suis un magicien (…) capable de cheminer au ciel et sur terre (…) capable de formuler[1]. » Cette réponse a le mérite d'établir un lien entre magie, cheminement et formulation. Cette dernière s'appuyant sur le Verbe, il en résulte que la magie consistera à faire bon usage de l'énergie mise en acte par le Verbe au moyen de la formula-

1. Nous nous appuyons ici sur une formulation du rituel de Compagnon. Selon les rites, il en existe d'autres. Celle-ci a retenu notre attention.

tion. L'impeccabilité que le Compagnon emploie à cette pratique fera de lui un magicien, c'est-à-dire un œuvrant sachant travailler pour embellir l'œuvre.

Pratiquer la magie, pour un Compagnon, c'est déceler l'énergie primordiale dans toutes les formes de la vie, de l'étoile à la pierre, et apprendre à les utiliser sur le chantier du temple. En pratiquant cet art, qui touche au secret de la vie tel qu'il est exprimée par la symbolique de la Pierre cubique, où esprit et matière sont intimement liés, le Compagnon peut modifier sa destinée en luttant contre les tendances négatives inhérentes à tout individu.

Tel est le chemin de la magie qui s'ouvre devant lui.

LE CHEMIN DE LA MAGIE

« Le monde dans lequel nous vivons est un monde dans lequel il n'y a que des effets. Le royaume des causes véritables est caché. Si nous parvenons à nous frayer un chemin jusque-là, nous serons des magiciens[1] ».

Pour atteindre ce « royaume », le chemin de la magie propose aux Compagnons de découvrir, sur le

1. Gustav Meyrinck, *Le Visage vert,* Paris, 1985, p. 118.

mode concret, comment la Force opère pour façonner les œuvres dignes d'enrichir le temple, demeure du divin. À cette fin, le Compagnon part à la recherche de cette Force – le *ka* qui compose le mot magie – sans autre alternative que de la trouver puis de la manier afin de bâtir. L'enseignement du grade exprime cela en demandant aux Compagnons d'apprendre l'usage de la parole qui modèle la matière. Formuler, consistera à mettre en rapport la parole avec l'acte qui la réalise. La magie conjugue, dans l'acte de bâtir, le Verbe et la puissance créatrice.

Un pharaon de l'Égypte ancienne employait l'expression suivante : « Sois un artisan en paroles. » Il poursuivait : « et tu seras un être fort *(nakht)*. Quant à l'outil de puissance *(khepesh)* du roi, c'est sa langue. Les paroles sont plus fortes *(qen)* que ta capacité à combattre *(âha)*. On ne peut tromper celui au cœur instruit de la connaissance *(hemou-ib)*[1]. » Cette citation démontre à quel point la parole est cruciale. Elle se façonne comme un artisan façonne le matériau qui deviendra œuvre vivante. L'on découvre qu'en fait, le bâtisseur est un « artisan en paroles. » N'est-ce pas l'objectif même du grade de Compagnon ?

---

1. *L'Enseignement de Khety à son fils Merikarê,* plus connu sous le titre, *L'Enseignement à Merikarê,* strophe IX. Pour une autre traduction, voir P. Vernus, *Sagesses de l'Égypte pharaonique,* Paris, 2001, p. 140.

Un autre point fort de cette parole du pharaon est que devenir un « artisan en paroles » repose sur le métier. Cela ressort des hiéroglyphes choisis pour écrire « un cœur instruit de la connaissance » puisque cette expression utilise l'outil pour percer les vases . La magie se fonde ainsi sur la connaissance du métier, une des plus concrètes qui soit.

Un autre objectif qui se dégage de cette citation porte sur le fait que le chemin de la magie conduit le Compagnon à changer de vie. Il consiste à apprendre à vivre dans le sacré. Pour le Compagnon, ce changement signifie vivre au sein de la Force qu'il côtoie sous ses nombreuses appellations telles que l'Égypte ancienne les a transmises : la puissance créatrice (le *ka* ), la puissance motrice (le *khepesh* 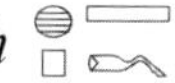), la force victorieuse (le *nakht* ), la vaillance (le *qen* ), l'art de combattre (le *âha* 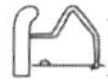). Nous pourrions ajouter la puissance qui relie (*ouser* ) et bien d'autres encore. Le Compagnon doit se mouvoir parmi toutes les manifestations de la Force, dont le chantier est le révélateur par excellence. La magie consiste à les connaître afin de les utiliser en justesse. Le Compagnon est plongé au milieu de toutes ces forces et, pour ne pas être broyé, il doit effectuer les mutations que le grade porte en lui. Alors seulement, il se construit et devient le magicien, cet artisan en paroles selon l'expression égyptienne.

Le chemin de la magie revêt pour le Compagnon la dimension d'une véritable science de l'être indissociable de son grade. Pourquoi ?

Une phrase essentielle extraite du même recueil déjà évoqué – *L'Enseignement à Mérikarê* – offre une réponse originale. « Le créateur a donné la magie à l'homme afin de repousser l'effet fulgurant de ce qui survient[1]. »

En suivant le chemin de cette magie, fluide vital, le Compagnon ouvre son cœur et se nourrit de l'esprit des ancêtres, s'insérant dans une chaîne rituelle. Il apprend donc à voir et à entendre, non seulement avec ses propres facultés, mais avec celles des pierres vivantes qui composent le temple.

Devenir magicien, pour un Compagnon, revient à dépasser sa finitude et ses limites pour contempler l'univers intemporel inscrit dans le symbole central du grade, la Pierre cubique et laisser ce cosmos l'animer. « Celui qui connaît le livre de magie, indique le chapitre 68 du *Livre de sortir au jour*[2], il peut sortir au jour et se promener parmi les vivants. Il ne mourra jamais. » Le chemin de la magie conduit le

---

1. *L'Enseignement à Mérikarê,* strophe XLVII. Autre traduction, voir P. Vernus, *op. cit.*

2. Traduction exacte du titre des textes rassemblés sous celui de *Le Livre des Morts,* si mal nommé. Traduction Paul Barguet, Paris, 1967, p. 108.

Compagnon à une rencontre déterminante. Se dressera devant lui celui qui garde la porte de la vie en éternité. Le Compagnon aspire à vaincre la mort car elle l'empêche de donner à son art tout son éclat et sa perfection. La magie lui permettra d'éviter la mort.

Portes du ciel et de la terre s'ouvrent devant les pas du Compagnon qui observe la magie rituelle et s'en nourrit. Il ne s'agit pas d'un simple pouvoir personnel, mais d'une communion avec la puissance principielle qui permet de forger son propre destin sur la voie de la Connaissance.

Magie du Compagnon

Bien que le chemin de la magie soit étranger à toute recherche d'accaparement, la Loge attend d'un Compagnon qu'il développe une puissance propre qui est, en quelque sorte, sa magie personnelle. Celle-ci doit avoir pour unique but de se donner complètement à la réalisation de l'œuvre.

Cette magie personnelle conduira le Compagnon à resserrer le lien avec le mystère dans lequel seul le Frère vivra la plénitude. Elle l'amènera à plonger en lui afin de s'en nourrir mais aussi à savoir le désirer, le susciter et le vivre. Le Compagnon aborde la magie avec la parole et le métier qui contient tous les gestes pour manier les forces afin d'atteindre les divers objectifs proposés par la magie.

L'idée surprendra. Nous dirons néanmoins que la magie du Compagnon consiste à ritualiser son existence. Cela signifie que le Compagnon est attentif au sacré dans lequel il se meut. Il en ressent la présence même lorsqu'il demeure hors du temple. Ce dernier point est délicat. Pourtant, étant initié et Frère, le Compagnon dispose de moyens pour manœuvrer sa barque afin qu'elle demeure dans le courant de l'initiation. La magie entretient une correspondance avec l'art de gouverner. La magie du Compagnon reposera aussi sur l'art de bien gouverner « sa vie » afin de suivre la Vie.

Le chemin de la magie lui propose ainsi de faire de sa vie une œuvre d'art. Il entrera alors de plain-pied dans le chef-d'œuvre qui couronne le compagnonnage.

Il possède un nom : Pierre cubique.

Chapitre 7

LE CHEMIN DE LA PIERRE CUBIQUE

LA PIERRE CUBIQUE, SYMBOLE MAJEUR DU COMPAGNONNAGE

Dans une Loge de la franc-maçonnerie initiatique, le chemin de la Pierre cubique au grade de Compagnon tient une place centrale. Il est un éveil essentiel à la découverte de l'art du Trait pour pénétrer dans la pensée créatrice de l'Orient. La Pierre cubique est une pierre de l'au-delà, une pierre de connaissance, une pierre du ciel issue de la pierre fondamentale.

Un rituel du grade de Compagnon rapporte le dialogue suivant :

> *– Que s'est-il passé pendant ton initiation ?*
>
> *– J'ai voyagé selon le nombre Cinq à l'intérieur de la pierre*
>
> *– Qu'as-tu appris ?*
>
> *– Les lois de l'architecture de l'univers afin de participer avec mes Frères à l'édification du temple.*

La tradition conduit les Frères Compagnons à un voyage à la fois matériel et spirituel à l'intérieur de la Pierre selon un guide, le nombre Cinq.

Cinq pour les polyèdres convexes réguliers, dits de Platon.

Cinq pour les cinq sens initiatiques que le Compagnon doit éveiller pour réaliser le voyage à travers les puissances de création que symbolisent les formes polyédriques. Les cinq sens composent l'intuition et l'entendement, expressions de l'intelligence vraie qui se trouve alors ouverte à ce qui n'est ni périssable, ni transitoire.

Bien sûr, dans la recherche de la connaissance, le Compagnon s'appuie sur les symboles du niveau ou de l'étoile flamboyante, mais la Pierre cubique reste le symbole majeur du compagnonnage. La dynamique de ce voyage initiatique, particulier au grade de Compagnon, lui donnera la force qui le conduira à vivre pleinement les autres symboles du grade.

Le chemin de la Pierre cubique est une réorientation du regard du Frère vers l'abstrait. Il conduit vers la vision de ce qui est au-delà de ce que voient les yeux de chair. Elle consiste à discerner le plan de l'œuvre et à l'amener à la lumière suivant les lois révélées par la Pierre cubique.

En voyageant dans la Pierre, le Compagnon découvre l'art du Trait et la manière dont les lois de l'architecture de l'univers construisent le temple.

SAVOIR ET CONNAISSANCE

Le chemin de la Pierre cubique se révèle pour le Compagnon à la fois comme un guide vers le savoir que procure le Trait et la connaissance qui l'amène vers un au-delà que manifeste l'étoile flamboyante.

Le savoir, c'est le métier de l'œuvrant qui, grâce au chemin de la Pierre cubique, lui permettra de découvrir l'architecture des nombres, des polyèdres et toutes leurs interactions, engendrant une véritable musique des sphères qui nourrira le cœur du Compagnon.

La Pierre cubique donne à voir les polyèdres réguliers qui sont des instants de connaissance et qui interagissent. Ils sont une corporification de la Lumière, et leurs rapports dévoilent la construction et l'ordonnancement de la création. Les Compagnons se doivent de les utiliser comme des outils, les mettre en œuvre, les assembler, les relier par les lois de la réciprocité, du croisement, de l'inversion et du flamboiement. Par des actes opératifs, ils cherchent à atteindre et construire une pensée architecturée. Sur ce chemin, rien n'est séparé ; tout est parfaitement cohérent, rythmé par les nombres, par les éléments primordiaux, terre, eau, air, feu et la quintessence. En découvrant le chemin comme une quête de l'unité, le Compagnon éveillera en lui l'unification de son être autour de la qualité de Frère afin qu'il puisse vivre la perfection de l'art de bâtir.

UN CHEMIN DE PERFECTION

La Pierre forme le Frère à modeler la parole afin de formuler avec exactitude, précision et fidélité la lumière perçue. Ainsi, apprendra-t-il à voir les choses dans leur réalité intemporelle, lumineuse et éternelle. Il est dit dans un rituel : « Si leurs intentions ont le pouvoir de se transformer en pensée juste, les Compagnons découvriront les chemins secrets de la Pierre cubique. »

Les chemins secrets passent par la perfection que la Pierre révèle au Compagnon par les formes parfaites qu'elle enfante. La Pierre cubique symbolise la perfection et proclame qu'elle appartient à l'ici et maintenant. Pour la vivre, le Compagnon devra se défendre, avec toute l'énergie dont il est capable, du conformisme, de l'opportunisme, du provisoire et

Fig. 10

Le chemin de la Pierre cubique entraîne le Compagnon à parcourir l'univers. Il le conduit à la rechercher au ciel, dans les lieux élevés, dans les vallées, aussi bien que dans les eaux. Au terme de cet extraordinaire chemin, il sera instruit de l'art de bâtir.
(Michael Maïer, *Atalante fugitive*, 1617)

de la paresse qui le menacent à chaque instant. Le chemin de la perfection conduit le Compagnon à regarder les lois de l'architecture de l'univers en face, avec lucidité et courage, et à les aimer avec un cœur connaissant. Le désir de perfection conduit à un accomplissement qui se renouvelle perpétuellement car la vie voyage sans cesse et adopte toujours de nouvelles mutations. Avec la vision de la perfection, le Compagnon devient un être capable de cheminer sur les traces de la Lumière.

DEVENIR DE LA NATURE DE LA PIERRE CUBIQUE

Un texte de l'Égypte ancienne[1] dit : « C'est lui, qui (le cœur) fait sortir toute connaissance (…) c'est ainsi que sont exécutés tous les ouvrages et tous les travaux d'artisan, les activités des mains, la marche des pieds, les mouvements de tous les (autres) membres, suivant cet ordre qui a été conçu par le cœur et qui a été proféré par la bouche et qui constitue la nature de toute chose. »

La Pierre cubique, en tant que noyau secret de la création, conduit celui qui épouse le mouvement de

1. Cité par H. Frankfort in *La Royauté et les dieux*, Paris, 1951, p. 57-58.

l'Œuvre à vivre les mêmes transformations vitales qui l'amènent au cœur du mystère. Or celui-ci est en perpétuelle mutation, faisant renaître en permanence à la vie spirituelle.

Un Compagnon ne peut connaître ce chemin sans y être intégré : il naît avec la naissance de la forme et s'offre à l'œuvre pour être transformé par elle. S'il perçoit le sens de ce qu'il a vu, s'il a communié avec l'esprit de l'œuvre, sa vision renaît. Le chemin de la Pierre cubique est celui de la transformation du cœur humain en un cœur construit, du passage du monde de l'individu à celui qui agit pour l'Œuvre. La sensibilité initiatique, façonnée par les lois vitales agissant dans la Pierre cubique, lui ouvre le chemin des formes les plus épurées de toute construction véritable.

En appréhendant par le cœur les polyèdres, le Compagnon apprend à formuler. Il parvient par l'étude de leurs tracés, et en s'appuyant sur eux, à façonner des œuvres vivantes.

Le lâcher-prise pour s'immerger dans la Pierre et son feu est primordial car elle est reliée à l'Orient[1]. Le Compagnon, en vivant ce chemin, nourrit en lui une énergie particulière indispensable pour approfondir le mystère de l'initiation. Il lui est révélé, non

---

1. Dans le temple, la Pierre cubique est située près du plateau du Vénérable Maître, côté du midi (sud), lieu où la lumière est la plus intense.

seulement la perfection, mais aussi la cohérence et la rigueur, trois qualités indispensables pour formuler en justesse.

Le devenir du Compagnon est géométrique pour percevoir les lois du ciel et celles de l'architecture de l'univers. Il doit formuler comme la Pierre afin de devenir de sa nature. En vivant ainsi la lumière qu'elle manifeste, le Compagnon est conduit à s'interroger sur le sens de l'œuvre, sa fonction et son rôle.

La Pierre cubique est le chef-d'œuvre par excellence. En la vivant, le Compagnon est construit par elle. Il intègre le chantier en trouvant sa place d'œuvrant. Le chemin de la Pierre cubique devient le chemin du chef-d'œuvre qui enracine le Frère dans le temple. La puissance du Compagnon se trouve magnifiée. Il devient un homme connaissant. Lors du voyage dans la Pierre, il accomplit le passage entre l'homme de métier et l'homme de don en épousant l'œuvre de la Loge.

DE LA PIERRE CUBIQUE À L'ÉTOILE, BUT DU CHEMIN OU PORTE VERS L'AU-DELÀ

Les différentes formes abstraites rencontrées sur le chemin, et qui constituent la Pierre cubique, sont les supports d'une quête de la connaissance. Le chemin de la Pierre cubique est un chemin d'éveil qui permet de faire sentir aux Compagnons le passage entre le visible et l'invisible.

Le but et le destin du Compagnon consistent à réaliser le parcours de la Pierre pour aller vers l'étoile flamboyante.

Le chemin de la Pierre cubique saisit l'instant de création et le formule de façon qu'il soit préhensible. Outil de construction pour que la Lumière sorte de sa cause et qu'elle se manifeste, la Pierre cubique incarne une intelligibilité de la lumière. Elle est une nourriture de la sensibilité de l'initié et façonne les êtres afin qu'ils deviennent des porte-parole de la Lumière, ce qui confère au chemin de la Pierre cubique un caractère très particulier.

Le chemin de la Pierre cubique est étroitement lié à la pratique de l'art du Trait, par lequel se formule l'action créatrice de la Lumière en une succession d'œuvres parfaites, inaltérables et intemporelles. Elle oriente le Compagnon vers une porte, l'étoile flamboyante. Porte de l'au-delà, elle le plongera dans les paysages des grands mystères.

La Pierre enseigne aux Compagnons que l'impossible passage vers l'au-delà est possible. Cette promesse s'appuie sur le secret fondamental de la

Pierre qui est celui de l'amour créateur. Cet amour de la vie s'exprime par le voyage à l'intérieur de la Pierre, au cours duquel la vie se dévoile. Le voyage s'effectue selon le Nombre Cinq. Il accompagne le voyageur, nourrit son goût du métier afin qu'il devienne indispensable sur le chantier. Sur le chemin de la Pierre cubique, les Compagnons, en alliant l'intuition et la conscience, peuvent atteindre les contrées lointaines où l'étoile flamboie de tous ses feux.

Chapitre 8

LE CHEMIN DE L'ÉTOILE

Au grade de Compagnon, l'étoile se présente comme le livre de la connaissance rédigé en langue des symboles, de la manière la plus synthétique et la plus abstraite. Tout l'art du Trait y est inscrit avec une telle intensité que toute approche fondée sur le mental est vaine. Elle constitue le viatique du Compagnon qui peut le conduire au plus haut sommet. Mais avant de le découvrir, comment le Compagnon fait-il connaissance avec l'étoile ?

L'ENSEIGNEMENT RITUEL DE L'ÉTOILE

Le Frère découvre l'étoile lors du rituel d'initiation au grade de Compagnon. Certains d'entre eux en donnent la présentation suivante :

> *Question : Es-tu Compagnon ?*
> *Réponse : J'ai vu l'étoile flamboyante.*
> *Q : Qu'as-tu vu dans l'étoile flamboyante ?*

R : Le gamma de Pythagore qui révèle les deux chemins et la géométrie sacrée.

En son nom d'étoile flamboyante, l'étoile transmet la lumière des initiés passés à l'Orient éternel. Devenus étoiles, ils guident vers la vie en éternité. Cette qualité de l'étoile constitue le socle fondamental sur lequel le Compagnon fondera toute sa vie initiatique. Elle acquerra sa réalité la plus tangible.

Non tributaire des contingences temporelles et matérielles, l'étoile apparaît comme l'outil le plus efficace pour construire sa vie comme un chef-d'œuvre. Le flamboiement manifeste le feu du Verbe qu'elle transmet au Compagnon tout au long de son aventure de bâtisseur. Ainsi deviendra-t-il un œuvrant indispensable sur le chantier.

Le rituel révèle un autre aspect essentiel de l'étoile, celui de son écriture. Elle consiste en un tracé de l'étoile à cinq branches au centre de laquelle se manifeste le « gamma de Pythagore », également nommé « le signe des deux chemins » (voir figure 11).

Si l'on considère le gamma de Pythagore en lui-même, inscrit au cœur de l'étoile, on constate que les trois extrémités du gamma suffisent pour déterminer l'étoile. Il est le Un qui devient Deux et également, le Trois au cœur du Cinq. Ainsi, le centre de l'étoile est-il le foyer de naissance et de régénération permanente et éternelle de l'étoile dans l'instant de création.

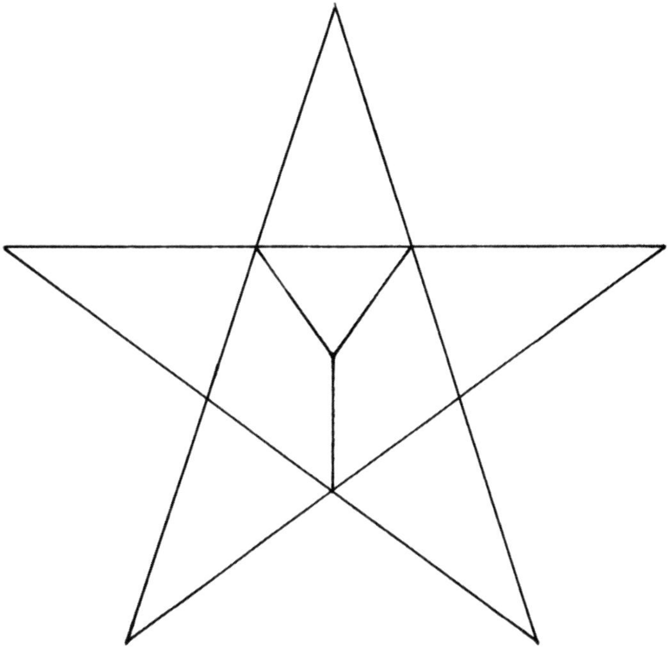

Fig. 11

Le gamma de Pythagore s'obtient en joignant au centre de l'étoile d'une part, les deux sommets supéricurs du pentagone formé par les branches de l'étoile, et d'autre part, son sommet inférieur. Il symbolise le signe dit « des deux chemins ».
(L'étoile à cinq branches et le gamma de Pythagore)

Le cœur de l'étoile révèle que la vie ne s'épuise pas. Si mort il y a, celle-ci peut se percevoir comme une porte qui ouvre sur un orient de création perpétuellement renouvelé. Le chemin de l'étoile offre au Compagnon la possibilité de l'appréhender et de décider s'il désire s'intégrer à l'éternelle jeunesse de la Lumière.

C'est aussi le rôle du gamma de Pythagore de révéler le chemin qui y conduit.

UN, DEUX, DES CHEMINS

L'écriture géométrique des deux chemins constitue non seulement le cœur de l'étoile, mais aussi l'âme du chemin qu'elle propose. Il donne la possibilité de vivre la dualité créatrice – partie supérieure du signe – qui s'épanouit par l'étoile – dans laquelle il s'inscrit. Tel est le chemin à suivre par le Compagnon.

Les deux chemins révélés par le gamma de Pythagore peuvent se considérer comme un chemin qui bifurque et devient deux, ou comme deux chemins qui se rejoignent et se confondent. L'essentiel est de bien percevoir que l'initiation demande de les parcourir ensemble, de vivre l'éternité que confère l'initiation tout à la fois comme celle des cycles et celle de l'instant, que la voie se présente à la fois comme voie longue et voie brève, que la longue est ponctuée d'instants de fulgurance de voie brève, qu'elle se parcourt dans le temps bien qu'elle soit, par essence, hors du temps. L'une illumine la conscience du Frère, l'autre lui enseigne la rigueur et l'offrande.

Sans nul doute, le chemin de l'étoile oblige à une mutation profonde de l'être. Pour franchir une porte[1], il faut devenir de sa nature. Dans le cas présent, il faut pénétrer dans le secret de l'étoile afin que sa lumière éclaire le chemin de l'œuvrant. Il vivra alors l'amour de l'œuvre.

Un chemin céleste

L'étoile appartient au ciel. La rejoindre implique de devenir un habitant du ciel. Est-ce possible ?

La puissance que confère la Pierre cubique a pour intention de propulser le Compagnon vers un destin céleste. L'étoile, ne l'a-t-il pas vue dans la Pierre[2] ? L'ultime devenir du Compagnon consiste à s'inscrire dans l'étoile[3].

---

1. Rappelons que dans la langue hiérogliphyque le mot *sba* signifie à la fois étoile , porte  et enseignement .
2. Cf. le n°35 de la collection Les Symboles Maçonniques, voir en fin d'ouvrage *(NdÉ)*.
3. Figure 12.

C'est un franchissement de porte, en effet, que l'étoile cherche à faire accomplir au Compagnon afin qu'il découvre le sens profond de son métier. L'étoile est la formulation parfaite de la lumière de l'Orient. Elle la capte et en donne une « écriture[1] » que l'initié peut saisir à condition qu'il ait suivi le chemin de la Pierre cubique.

Le chemin de l'étoile interroge sur la méthode pour servir le divin. C'est une question de limite. Le Compagnon est un homme de devoir. Il bâtit pour le temple. Il y met tout son cœur. Cela ne souffre d'aucun doute. Cependant, l'étoile vit dans le ciel. Elle ne se meut pas dans le champ de l'homme de métier. Par nature, le métier le maintient à distance de la lumière de l'Orient, même si ses œuvres transmettent sa présence. L'étoile dit au Compagnon que, s'il veut la rejoindre et passer par elle, il devra être capable de donner toute sa personne, sans condition, pour se consacrer entièrement aux mystères d'Osiris. Elle ne le contraint pas, mais c'est la parole que l'Orient lui charge de transmettre à ceux de l'Occident au moyen de sa pureté géométrique.

---

1. Ainsi que nous venons de l'exposer.

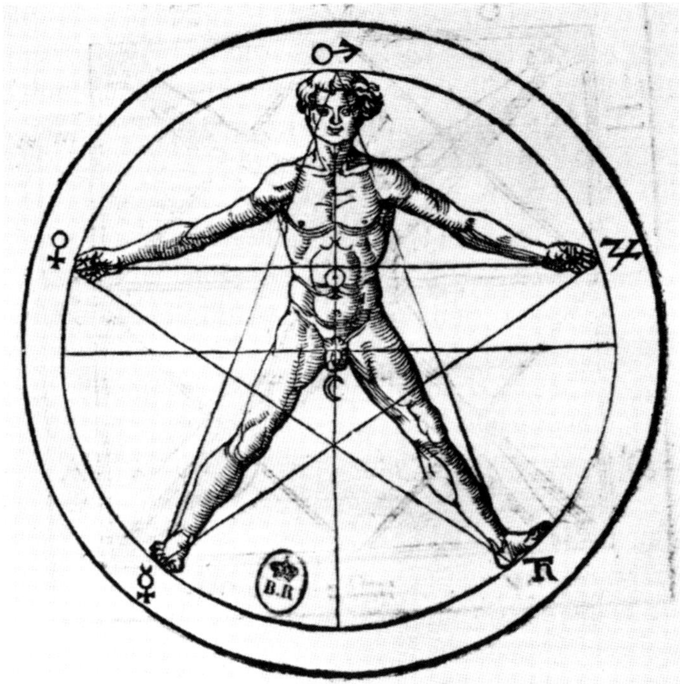

Fig. 12

L'étoile offre à l'initié un chemin à nul autre pareil : devenir étoile, acquérir une stature authentiquement céleste où il devient étoile parmi les étoiles. (D'après Agrippa de Nettesheim)

Par conséquent, le chemin de l'étoile est celui d'un saut immense pour atteindre un autre pays dont on ne sait rien. Un pays céleste où la parole donnée, l'engagement contiennent un sens qui leur est propre et conforme à celui des dieux. Avec l'étoile, il est question de bien saisir ce changement intense et définitif. Certes, franchir la porte du temple fut un saut dans l'inconnu. Cette fois, l'étoile se présente comme une porte qui ouvre sur un lieu où la question n'est plus de connaître, mais de vivre de la lumière de l'Orient, de s'en trouver investi, de la servir et de dire les formules qui maintiennent le divin dans son temple.

L'humain doit quitter le Frère en ce sens que le chemin de l'étoile le conduit, s'il s'y engage, à devenir un symbole. Le mot est à considérer dans toute la plénitude de son sens. Le symbole est. Il incarne une réalité initiatique éternelle et ne manque jamais à son devoir. Il est comme une fleur. Elle naît fleur et, dès lors, le restera sans jamais dévier. Telle sera la teneur de ce qui arrivera au Compagnon qui franchira la porte de l'étoile. Choisir le chemin de l'étoile consiste à servir fidèlement l'initiation, ne jamais manquer à son devoir d'initié, comme la fleur ne manque jamais d'être une fleur.

Le chemin proposé par l'étoile est sans ambiguïté, ce qui ne surprendra pas puisqu'elle formule la perfection de la Lumière. C'est bien cette perfection que le chemin de l'étoile offre au Compagnon. L'étoile lui dit qu'il peut aller plus loin ; qu'elle lui fournira un nouvel équipement pour servir la Lumière dans son temple. Joie immense pour laquelle l'étoile prévient que la Lumière n'a pas de regard pour les travers humains. Elle ne les voit pas puisque, à l'évidence, aucune parenté n'existe entre elle et l'homme, même de métier.

L'étoile connaît les rites pour que celui qui le désire puisse poursuivre une quête de la réunion au divin qui l'amènera à vivre dans le cœur de la Lumière.

LE DERNIER VOYAGE DU COMPAGNON : DE LA CHAMBRE DU TRAIT À LA CHAMBRE DU MILIEU

Voyager est propre au grade de Compagnon. Il lui faut tenter, prendre des risques, expérimenter, parcourir tous les chemins que lui propose son grade sans tomber dans le piège de la dispersion. Disposition majeure : servir l'œuvre.

De voyage en voyage, de chemin en chemin, le Compagnon aiguise ses sens initiatiques et emplit son cœur de richesses et d'expériences. Par-dessus tout, son cœur se nourrit de l'amour pour l'œuvre.

Le Compagnon suit le chemin de la spirale qui transcende sa destinée individuelle et libère son devenir. Il vit un grade exaltant où il découvre de nouveaux horizons et traverse des états qui élargissent son cœur. L'exercice du métier de bâtisseur lui fait découvrir la grandeur de l'acte de donner, de se donner, et de se surpasser. Aux épreuves qui se présentent sur le chemin menant de la chambre du Trait à la chambre du Milieu, le Compagnon doit répondre en utilisant les outils de son grade, en commençant par la « magie », cet art initiatique qui lui permettra de les surmonter.

Première étape : déchiffrer les signes et percevoir l'immuable réalité, qui implique un changement d'être déterminant, à savoir la conscience de l'appartenance au grand Tout ouvrant la porte de tous les possibles. Le chef-d'œuvre manifeste ce changement de vie. Le « compagnon fini », comme son nom l'indique, doit s'accomplir en même temps que l'œuvre s'accomplit. À lui d'aller au maximum de ses possibilités, en accomplissant une œuvre en conformité avec la Règle.

Comment se déroule le dernier voyage du Compagnon ? D'abord, il prend conscience du sens de l'éternité et d'une forme de mort, de la nécessité d'unir les deux rives, celles du visible et de l'invisible. En effectuant cette traversée, il meurt à son existence propre pour entrevoir la Vie.

Certes, il faudrait se dépouiller de la vanité et de l'égocentrisme ; mais est-ce vraiment possible ? Quoi qu'il en soit, l'élan du Compagnon doit le conduire vers la porte de la chambre du Milieu, synonyme d'une profonde mutation.

Grâce à l'accomplissement du chef-d'œuvre, écho de l'acte créateur qui s'imprime en son être, le Compagnon s'intègre à une œuvre communautaire, ancestrale, qui le dépasse.

Mais cet ultime voyage, du compagnonnage fini à la Maîtrise, n'a rien d'automatique. La voie du chef-d'œuvre étant sans fin, le Compagnon peut l'explorer son existence durant. Aller au-delà exige une certaine vision de l'œuvre, une certaine ouverture du cœur, une certaine manière de conduire son existence, un certain sens de l'aventure initiatique, une volonté certaine de servir le temple et d'aborder une terre nouvelle où, comme l'indiquent les textes égyptiens, « le cœur ne connaît pas de lassitude. »

Dans la pyramide de Meidoum, en Égypte, le chemin du Compagnon est clairement indiqué. Que constate-t-on ? Lorsqu'il arrive à son terme, se dresse un mur si élevé qu'il paraît infranchissable.

Certains renoncent. D'autres cherchent à s'élever, à changer de plan, et s'affrontent alors à cette verticalité impressionnante qui sépare la chambre du Trait de celle du Milieu.

Infranchissable ? Oui, en apparence. Cependant, si le Compagnon est bien Compagnon du chef-d'œuvre – et non de lui-même – le sens de l'œuvre lui offre les capacités d'accomplir cette ascension impossible.

Un élan, un bond, un saut vers l'inconnu. Un changement d'état, un nouveau regard, un appel qui sublime à la fois l'individu et le Compagnon, pour lui donner accès à une nouvelle forme de fraternité qui s'appelle la Maîtrise.

Ce passage implique l'oubli de soi-même, de son ambition, de ses attachements temporels. Grâce à l'art du Trait, le Compagnon du chef-d'œuvre a perçu les liens qui unissent le ciel à la terre. À lui de s'y inclure, de les renforcer et d'atteindre ce « ciel du temple » qu'est la chambre du Milieu.

Apprentissage et Compagnonnage constituent la voie du métier ; avec la maîtrise débute celle des mystères. Deux mondes indissociables, certes, mais bien différents. Le passage est étroit, très étroit, et faut-il encore disposer des nourritures spirituelles nécessaires pour s'y engager et le franchir avec succès.

L'accès à chaque grade est une renaissance, une victoire sur la mort et la finitude. Le Compagnon doit disparaître pour que le Maître naisse, et cette mutation sera son dernier voyage.

Le Compagnon ne connaît ni le jour ni l'heure où il sera appelé en chambre du Milieu. Son dernier voyage surviendra au moment le plus inattendu, et la décision ne lui appartient pas.

Autant l'avouer, il s'agit d'un voyage dont il ne revient pas. Ce n'est plus le temps des pas de côté. Il faut revenir sur la voie droite, sur l'axe conduisant vers l'Orient, vers la Maîtrise.

Toutes les richesses, toutes les puissances découvertes en chambre du Trait sont utiles pour effectuer cet ultime voyage qui conduira le Compagnon à entrer dans le monde du mythe. Pour susciter cette ultime étape, il lui faut faire preuve de magie, de force, de persévérance et d'intuition pour répondre aux questions que lui poseront les gardiens de la porte. Autant de qualités éveillées et développées au cours de ses différentes démarches.

L'accomplissement du chef-d'œuvre met le Compagnon en capacité de basculer et déclenche un processus qui aboutit à la présence du Maître, et oriente sa vie vers l'offrande et la création en esprit, à laquelle il peut être amené à participer.

Le Compagnon assume sa propre disparition, passage obligé vers un nouvel état d'être. Alors tout bascule, à l'instar de ce qui se passe dans le *Don Giovanni* de Mozart[1], l'une des œuvres les plus grandioses consacrées à la mutation ultime du

1. Opéra en deux actes de Mozart, *op. cit.*

Compagnon. Les ténèbres s'épaississent et la seule lumière sera celle des flammes dans lesquelles il disparaîtra. Son dernier voyage est la rencontre avec ce qu'il a toujours cherché : le mystère. En cette occasion exceptionnelle, il le rencontre en chair et en os. Il devra se mesurer à lui, car il ne peut pas se départir de sa volonté d'aller au terme de sa quête. Il déploiera toute sa science, sondera le mystère et réussira à le traverser. Mais voilà que se déclenche une tornade, car toutes les puissances animatrices du mystère se concentrent sur lui. Elles lui fouilleront l'âme afin qu'il prouve qu'il est digne du mystère qu'il recherchait avec tant d'assiduité.

Sur le nouveau chemin qu'il parcourt, les rapports changent, la règle de vie se révèle d'une autre ampleur et toute la science acquise devient impuissante.

Grâce à son courage, le Compagnon provoque l'apparition du feu secret. Aura-t-il le courage de l'affronter ? Maintenant qu'il se retrouve devant le mystère qui a pris une allure des plus redoutables, il ne lui reste plus que la dignité du Compagnon fier de son art, résolu à entreprendre le dernier chef-d'œuvre : confier sa vie au Commandeur, à celui qui se nourrit de nourritures célestes, celui qui demeure dans un espace où son humanité doit laisser la place à la fraternité du ciel. Suivant l'une des lois majeures de l'initiation qui est la réciprocité, l'initié qui a convié l'invisible ne saurait se dérober.

Oui, le Compagnon du chef-d'œuvre, le Compagnon fini peut connaître une mort heureuse et transmutatoire s'il se confie au feu secret et s'abandonne à la vie de la chambre du Milieu. Difficile voyage, qui exige du Compagnon un désir aussi ardent que celui des flammes purificatrices. Alors, au terme de ce passage extraordinaire, il dira : « Cela, je ne l'aurais jamais cru. »

Le voyage du Compagnon
« Die ihr einem neuen Grades »

Vous qui vous approchez à présent
D'un nouveau degré de connaissance,
Marchez fermement sur votre sentier,
Sachez qu'il est celui de la sagesse !
Seul l'homme courageux
Peut s'approcher de la source de lumière.

Prenez pour viatique, Ô pèlerins,
La bénédiction de vos Frères !
Que la prudence soit toujours à vos côtés,
Que la soif d'apprendre guide vos pas !
Exercez votre jugement et ne vous laissez jamais assujettir,
À l'illusion d'un passif aveuglement !

Rude est certes le voyage de la vie,
Mais doux est le prix
Attendant le voyageur
Qui sait sagement tirer profit de sa course.
Heureux qui pourra dire un jour :
La lumière éclaire ma route !

Texte : J.F. von Ratschky
Musique : W.A. Mozart
Lied pour ténor et piano, K 468

Index

A

Arpenter : 20.
Assise : 14, 15, 23, 35.

C

Carré long : 55, 61.
Cœur : 9, 11, 15, 17, 18, 21, 23, 33, 44, 46, 51, 52, 53, 54, 55, 56, 59, 60, 61, 62, 64, 74, 75, 76, 81, 84, 85, 90, 92, 94, 97, 99, 101.
Cou : 17.

F

Flamboiement : 81, 90.
Formuler : 9, 15, 39, 52, 55, 67, 72, 82, 85, 86.

G

Gorge : 17.
Gouverner : 69, 78.
Grande Ourse : 65.

I

Inconnu : 11, 19, 22, 96, 102.

M

Midi : 18, 19.
Mort : 64, 77, 92, 100, 102, 105.

O

Occident : 18, 19, 22, 94.
Orient : 19, 53, 92.

P

Perpendiculaire : 13, 14, 15.
Peson : 15, 18, 22.
Polyèdres : 9, 10, 23, 34, 44, 80, 81, 85.

S

Sensibilité : 9, 56, 59, 64, 85, 87.
Septentrion : 18.
Spirale : 26, 55, 71, 99.
Symbole : 13, 15, 18, 19, 22, 27, 32, 33, 42, 51, 56, 60, 65, 66, 76, 80, 96.

T

Travail : 19, 23, 32, 42, 43, 55, 59, 62.

V

Vase de pierre : 15, 18.

Table des matières

Introduction 7

1. Le chemin du niveau 13
Le dévoilement du niveau 14

2. Le chemin du Nombre 25
Le Nombre, sa place dans le mythe 25
Nombre, chiffre 28

3. Le chemin de la coudée 37
Outil de bâtisseurs 37
L'œuvre de la Loge 41

4. Le chemin de la géometrie sacrée 49
L'orient du Trait est celui de la création 49
Le Compagnon, un être géométrique 52

5. Le chemin de la Force 57
Qu'est-ce que la Force pour le Compagnon ? 59
Le pilier Force et le Compagnon 60
La Force et le Premier Surveillant 61
La Force du Compagnon et l'opéra *Don Giovanni* de mozart 62
Le courage du Compagnon 63

6. Le chemin de la magie 69
Magie et initiation 69
Magie et Compagnon 72
Le chemin de la magie 73

7. Le chemin de la Pierre cubique 79
La Pierre cubique, symbole majeur du compagnonnage 79
Savoir et connaissance 81
Un chemin de perfection 82
Devenir de la nature de la Pierre cubique 84

De la Pierre cubique à l'étoile, but du chemin ou porte vers l'au-delà 86
8. Le chemin de l'étoile 89
L'enseignement rituel de l'étoile 89
Un, deux, des chemins........ 92
Conclusion 99
Index........ 109
Table des matières 111

Les Symboles Maçonniques

Symboles universels

1. Jean Delaporte, *Le Grand Architecte de l'Univers.*
2. Didier Michaud, *Le Pavé mosaïque.*
3. Olivier Jumeau, *Le Delta, la pensée ternaire.*
4. Olivier Doignon, *La Règle des Francs-Maçons.*
5. Jean Hover et Claire Vernon, *Le Soleil et la Lune.*
6. Didier Michaud, *L'Équerre et le chemin de rectitude.*
7. Olivier Doignon, *L'Étoile flamboyante.*
8. Alain Lejeune, *Les Trois Grands Piliers.*
9. Olivier Doignon, *La Pierre brute.*
10. Michel Lapidus, *La Pierre cubique.*
11. Didier Michaud, *Les Trois Fenêtres du Tableau de loge.*
12. François Figeac, *Les Deux Colonnes et la porte du temple.*
13. Olivier Doignon, *L'Épée flamboyante.*
14. Claire Vernon, *Loge maçonnique, loge initiatique ?*
15. Olivier Doignon, *Comment naît une loge maçonnique ? « L'ouverture des travaux et la création du monde »* (T. 1).
16. Olivier Doignon, *La Construction rituelle d'une loge maçonnique. « L'ouverture des travaux et la création du monde »* (T. 2).
17. Michel Lapidus, *La Corde des Francs-Maçons.*
18. Joseph Noyer, *Le Fil à plomb et la Perpendiculaire.*
19. Marie Hover, *Le Labyrinthe, un chemin initiatique.*
20. Jean Onofrio, *La Chaîne d'Union.*
21. Olivier Doignon, *La Lumière.*
22. Jean Onofrio, *Comment travaillent les Francs-Maçons ?*
23. François Figeac, *La Fraternité initiatique, mythe ou réalité ?*
24. François Ariès, *Le Dépouillement des métaux et l'alchimie du temple.*

25. Lucien Brélivet, *Les Habits des Francs-Maçons. Gants, tabliers et autres vêtements.*
26. François Ariès, *Le Tableau de loge et le Plan d'Œuvre.*
27. Clémence Duval, *L'Épreuve de la Terre.*
28. Jeanne Nogrène, *L'Épreuve de l'Air.*
29. Claire Vernon, *L'Épreuve de l'Eau.*
30. Lise Pérault, *L'Épreuve du Feu.*
31. André Quémet, *Le Temple maçonnique et ses mystères.*
32. Didier Michaud, *Le Cabinet de Réflexion.*
33. Jean Delaporte, *Le Vénérable Maître. Fonction, devoirs et symbolique.*
34. Jeanne Leroy, *La Pierre Cubique à pointe.*
35. Thomas Wisniewski, *Le Nombre d'Or, La Science secrète des bâtisseurs.*
36. André Quémet, *Le Banquet rituel, Signification initiatique des « Travaux de Table ».*
37. Anna Monfort, *Pythagore et l'initiation maçonnique.*
38. Didier Michaud, *Le Rite Écossais Ancien et Accepté.*
39. François Ariès et Anne Ménestier, *Qu'est-ce que l'initiation ?*
40. Michel Lapidus, *Le Secret maçonnique, mythe ou réalité ?*
41. Didier Michaud, *Le Rite « égyptien » de Memphis-Misraïm.*
42. Percy John Harvey, *Les Cinq Points parfaits de la maîtrise, ou la résurrection symbolique.*
43. Jean Onofrio, *Les Trois Grandes Lumières ou le chemin de la création.*
44. Percy John Harvey, *Le Maître Secret* (T. 1).
45. François Figeac, *La Voûte étoilée et l'Astrologie initiatique.*
46. Alain Lejeune, *Le Compas, le cercle et le chemin du ciel.*
47. Percy John Harvey, *Le Maître secret, l'élévation au 4e degré* (T. 2).
48. Xavier Tacchella, *Un Outil maçonnique méconnu, la jauge ou la clef du chantier.*

49. André Quémet, *Le Rituel initiatique, outil de création et art de vivre.*
50. Elvira Gemeinde, *Les Francs-Maçons « Enfants de la Veuve » et les mystères d'Isis.*
51. Jean-Paul de Lagrave, *Le Code secret de Benjamin Franklin, Franc-Maçon exemplaire.*
52. Estelle Vannier, *Le Pilier Sagesse.*
53. Roland Théus, *L'Initiation d'un Maître d'Œuvre selon Villard de Honnecourt.*
54. Jean Onofrio, *L'Art royal de la Franc-Maçonnerie.*
55. Percy John Harvey, *Le Maître secret, ses prolongements. Du Maître Parfait à l'Intendant des Bâtiments.* (T. 3).
56. Constance Delpierre, *Le Pélican. Un chemin vers les Hauts Grades.*
57. Gaëlle Charpentier, *Libre et de bonnes mœurs. Les grandes étapes de l'initiation maçonnique.*
58. Percy John Harvey, *Les Grades de vengeance* (T. 1). *Le Maître Élu des Neuf.*
59. Percy John Harvey, *Les Grades de vengeance* (T. 2). *L'Illustre Élu des Quinze et le Sublime Chevalier Élu.*
60. Jacques Rolland, *Symboles maçonniques, symboles templiers.*
61. Xavier Tacchella, *Le Temple de Salomon.*
62. François Figeac, *La Planche à tracer.*
63. Sophie Perenne, *La Parole perdue.*
64. Alain Lejeune, *Le Message initiatique de Maître Eckhart.*
65. Percy John Harvey, *Les Voyages rituels, un itinéraire initiatique.*
66. Joseph Noyer, *Le Ciseau et le Maillet, mise en œuvre de l'initiation.*
67. Laurent Bernard, *Les Cinq Voyages du Compagnon.*
68. Mathilde Fontaine, *Un Tableau de loge féminin.*

69. Percy John Harvey, *Les Lieux initiatiques de la Maîtrise : la Chambre du Milieu et la Chambre de Réception.*
70. Lucie Leforestier, *L'Initiation des femmes, de l'Antiquité à la franc-maçonnerie.*
71. André Quémet, *Les Dix Offices de la Loge et l'Homme-univers.*
72. Percy John Harvey, *Le Grand Maître Architecte. La maîtrise de l'Étui de Mathématique.*
73. Michel Lapidus, *Le Cantique des cantiques, rituel initiatique.*
74. Gabriel Steinmetz, *Le Premier Surveillant, du Niveau à l'Art du Trait.*
75. Hervé Mestron, *La Colonne d'Harmonie, symbolique de la musique en Loge.*
76. Isabelle Dupuis, *Le Mystère de Job et les épreuves initiatiques.*
77. Jean Delaporte, *Le Mythe d'Hiram, fondateur de la Maîtrise maçonnique.*
78. Thomas Grison, *Tarot et franc-maçonnerie, Résonances du tarot dans les rituels maçonniques.*
79. Thomas Grison, *Le Symbolisme de l'épée.*
80. François Figeac, *La Pyramide, le secret d'une vie en éternité.*
81. Jean-Patrick Dubrun, *Les Fêtes initiatiques des deux Saint-Jean, tome 1, Les portes rituelles de l'année maçonnique.*
82. Jean-Patrick Dubrun, *Les Fêtes initiatiques des deux Saint-Jean, tome 2, De la lumière secrète à la lumière révélée.*
83. Thomas Grison, *Iconographie du Rite Écossais Rectifié, Les tableaux de grade*, tome 1, *Apprenti, Compagnon.*
84. Thomas Grison, *Iconographie du Rite Écossais Rectifié, Les tableleux de grade*, tome 2, *Maître, Maître Écossais de Saint-André.*
85. Marc Steinberg, *La Chambre du Milieu.*

86. Franck Zimmer, *Les Portes du temple.*
87. Thomas Grison, *Le Symbolisme de l'abeille.*
88. Joseph Noyer, *Le Serment ou la sacralisation de la vie.*
89. Thomas Grison, *Le Symbolisme du miroir, Entre illusion et Connaissance.*
90. Percy John Harvey*, La Parole perdue. Du Maître Hiram au Chevalier Rose-Croix.*
91. Pierre Dangle, *Le Grade d'Apprenti et sa symbolique.*

Composition réalisée par Cyril Bernhard

Achevé d'imprimer en mai 2020
Sur les presses de la Nouvelle Imprimerie Laballery
58500 Clamecy

Dépôt légal : juin 2020
Numéro d'impression : 004182
Imprimé en France